Essays in Honor
of FRANK DAUSTER

Essays in Honor
of
Frank Dauster

edited by
KIRSTEN F. NIGRO
University of Cincinnati

and

SANDRA M. CYPESS
University of Maryland

Juan de la Cuesta
Newark, Delaware

Contents

Frank Danto

FRANK DAUSTER
Curriculum Vitæ

Born Feb. 5, 1925, Irvington, N.J.
Married to Helen Thode, two children
Military service, U.S. Army, 1943-46

EDUCATION:

B.A., with highest honors, Rutgers University, 1949
M.A., Rutgers University, 1950
PhD., Yale University, 1953. Dissertation: "The Literary Art of Xavier Villaurrutia"

PROFESSIONAL EXPERIENCE:

Instructor, Wesleyan College, 1950-1954; Asst. Prof. 1954–1955
Assistant Professor, Rutgers University, 1955-1958; Associate Professor, 1958–1962; Professor 1962–1976; Professor II, 1976–1992
Also taught at Fairfield University, Middlebury College, University of Pennsylvania

BOOKS:

Breve historia de la poesía mexicana. Mexico: Studium, 1956.
Ensayos sobre poesía mexicana. Mexico: Studium, 1963.
Historia del teatro hispanoamericano, siglos XIX-XX. Mexico: Studium, 1966; 2nda. ed. ampl., 1973.
Xavier Villaurrutia. New York: Twayne, 1971.
Ensayos sobre teatro hispanoamericano. Mexico: Sep-Setentas, 1975.
The Double Strand: Five Contemporary Mexican Poets. Lexington: UP of Kentucky, 1987.
Perfil generacional del teatro hispanoamericano (1824-1924). Ottawa: Girol, 1993.

TEXTBOOKS AND ANTHOLOGIES:

Teatro hispanoamericano: Tres piezas. New York: Harcourt, Brace and World, 1965.

Literatura de Hispanoamérica (with Luis Leal, University of
  Illinois). New York: Harcourt, Brace and World, 1970.
Antología de la poesía mexicana. Zaragoza: Ebro, 1970; 2nda. ed.,
  1980.
En un acto (with Leon Lyday, Pennsylvania State University). New
  York: Van Nostrand, 1974; 2nd ed. rev., Boston: Heinle and
  Heinle, 1983; 3rd. ed. rev., Heinle and Heinle, 1990.
Nueve dramaturgos hispanoamericanos (with Leon Lyday and
  George Woodyard, University of Kansas). 3 vols. Ottawa: Girol,
  1979.
Tres dramaturgos ríoplatenses (with Leon Lyday and George
  Woodyard). Ottawa: Girol, 1983.

CHAPTERS IN BOOKS:

"Preparing the Investigator in Literature." In *Latin America in
  Transition,* ed. Stanley Ross. Albany: SUNY Press, 1970. 53-60.
  Paper read at SUNY-Stony Brook conference, 1968.
"Vargas Llosa and the End of Chivalry"; prev. publ. article repr. in
  Homenaje a Mario Vargas Llosa, ed. H. Giacoman. New York:
  Las Americas, 1972. 193-201.
"El concepto de Puerto Rico en algunas obras de Francisco Arriví."
  In *Estudios de literatura hispanoamericana en honor a José J.
  Arrom,* eds. Andrew Debicki and Enrique Pupo-Walker. Chapel
  Hill: North Carolina Studies in the Romance Languages and
  Literatures, 1974. 257-66.
"The Theater of Antón Arrufat." in *Dramatists in Revolt: The New
  Latin American Theater,* eds. Leon Lyday and George Woodyard.
  Austin: U of Texas P, 1976. 3-18.
"The Game of Chance: The Theater of José Triana." In *Dramatists
  in Revolt,* 167-89.
"Social Content and Revolutionary Form: Spanish American Drama
  Today." In *Ibero-American Letters in a Comparative Perspec-
  tive: Proceedings of the Comparative Literature Symposium.*
  Lubbock: Texas Tech University, v. 10, 1978. 49-63. Paper read
  at the Symposium, 1977.
"Aspectos del paisaje en la poesía de Carlos Pellicer"; prev. publ.
  article repr. in *La poesía de Carlos Pellicer: interpretaciones*

críticas, ed. Edward Mullen. Mexico: UNAM, 1979. 55-65.

"Pantaleón y Tirant: puntos de contacto"; prev. publ. article repr. in *Mario Vargas Llosa*, ed. José Miguel Oviedo. Madrid: Taurus, 1981. 237-51.

"The Wounded Vision: *Aura, Zona sagrada, Cumpleaños.*" In *Carlos Fuentes: A Critical View*, eds. Robert Brody and Charles Rossman. Austin: U. of Texas P, 1982. 106-120.

"La cultura contemporánea de Hispanoamérica." In *The Foreign Language Teacher: The Lifelong Learner*, ed. Robert Mead. Proceedings of the 1982 North East Conference, 1983. 98-104.

"Success and the Latin American Writer." In *Contemporary Women Authors of Latin America*, eds. Doris Meyer and Margarite Fernández Olmos. Brooklyn: Brooklyn College Humanities Institute Series, Brooklyn College P, 1983. 16-22; a lecture at the Brooklyn College Series, 1981.

"Imagen de la ciudad: tres generaciones puertorriqueñas en Nueva York." In *Imágenes e identidades: el puertorriqueño en la literatura*, ed. Asela Rodríguez de Laguna. Río Piedras: Ediciones Huracán, 1985, 63-67; a paper read at the 1983 Newark Symposium. Incl. as "Image of the City: Three Puerto Rican Generations in New York." In English version, *Images and Identities: The Puerto Rican in Two World Contexts*. New Brunswick: Transaction Books, 1987. 60-64.

"Rosalba Thirty Years Later." In *In Retrospect: Esssays on Latin American Literature*, eds. Elizabeth S. Rogers and Timothy J. Rogers. York, S.C.: Spanish Literature Publications Company, 1987. 115-19. A paper read at MLA, New York, 1981.

"Triana, Felipe, Brene: tres visiones de una realidad." In *En busca de una imagen*, ed. Diana Taylor. Ottawa: Girol, 1989. 133-43. A paper read at the 1987 Dartmouth Symposium on José Triana and Griselda Gambaro.

INTRODUCTIONS

"Estudio preliminar. Eduardo Rovner, *Compañía*. In *Teatro. Eduardo Rovner, Compañía. Mauricio Kartun, El partener*. Ottawa: Girol, 1993. ix-xvi.

"Carlos Solórzano: la libertad sin límites." In Carlos Solórzano, *Teatro*. Mexico: UNAM, 1992. 11-26.

Articles and reviews in journals in the United States, Mexico, Puerto Rico, El Salvador, Costa Rica, Canada, France, Spain.

PRESENT OR FORMER MEMBER OF EDITORIAL BOARDS of *Revista Iberoamericana, Caribe, Crítica Hispánica, Hispanic Journal, Journal of Spanish Studies-20th Century, Latin American Theatre Review, Tramoya.*

CONTRIBUTING EDITOR in *Modern Drama, Handbook of Latin American Studies,* 1955-1979; Advisory Board, HLAS, since 1972.

As my homage to a very old and dear friend, Frank Dauster, I am sending this translation of a poem by a poet we both greatly admire: Xavier Villaurrutia's "Nocturno en que habla la muerte." I hope he receives some pleasure from it.

NOCTURNE IN WHICH DEATH TALKS

...WHETHER DEATH has come here to New Haven
hidden in my suitcase in a fold of my clothes,
in the pocket of one of my suits,
between the pages of a book,
as the sign that I remember nothing;
whether my particular death has been waiting
for a time, an instant, that only she knows
to tell me: "I am here...
I have followed you like the shadow
you cannot casually leave at home,
like a breath of warm, invisible air
blended with the harsh, cold air you breathe,
like the memory of what you most love,
like forgetfulness, yes, the forgetfulness
you allowed to settle over the things
you no longer want to remember.
It is futile to turn and look for me:
I am so near you cannot see me,
outside you yet also within.
All for nothing is the sea that god-like you hoped
to place between us;
for nothing the land man measures,
fights and kills for,
nothing, the dream in which you wanted to believe you live
without me, when it is I who sketch and then erase it;

13

nothing, the days you count
once and then again, upon the hour,
nothing, the hours you kill with such pride,
ignoring that they will be reborn without you.
These things are nothing, nothing the countless
snares you laid for me,
the childish schemes with which you hoped
to deceive or forget me.
I am here, can't you feel my presence?
Open your eyes; close them if you wish."

And now I am wondering,
was that someone in the next room?
Who was it who stealthily closed the door?
What mysterious force of gravity
caused that sheet of paper to fall from the table?
Why do I suddenly hear, unwished and unbidden,
the voice of a woman talking outside?

As I grasp my pen more tightly
something like blood is pulsing and coursing through it,
and I sense that the uneven letters
I am scrawling here
—smaller, more tremulous, fainter—
are no longer from my hand alone.

Translated by MARGARET SAYERS PEDEN
Columbia, Missouri
March 1992

Yo también hablo de—Frank Dauster
    Una versión enmendada con muchas apologías a Xavier
    Villaurrutia y a Frank Dauster

Yo también hablo de Frank Dauster.
Pero mi Dauster no es el de Roster
que fue el profesor de muchos niños,
ni el de Brushwood o Forster que gira
tan rápidamente que su movimiento
es una misteriosa forma de inquietud.

No es el Dauster sediento,
ni el que busca *biblios* y bibliotecaria,
ni el coronado de espinas
como jefe de departamento.

No es el Dauster de talle alto,
ni padre de dos hijos.
Ni vecino de Piscataway,
colaborador de Woodyard y Lyday.

No es el Dauster veleta
ni de la úlcera secreta,
ni el Dauster *Helen*izado,
ni el que fue soldado.

No, no es el Dauster Dauster
sino el Dauster muy publicado
el Dauster codificado,
el poético y dramático,
el Dauster prolífico.

Es el Dauster que ayuda en las tinieblas,
es el Dauster que avanza enardecido

de Villaurrutia, Novo, y Carballido.
El Dauster de teñidas uñas,
el de los dedos ávidos
de la máquina de escribir,
el Dauster -dedo computador.
Es el Dauster encomiado de las bocas,
el que escribe recomendaciones
siempre atento a los jóvenes.
El Dauster que habla despierto
como si estuviera improvisando.
Es el de quien manan historias, ensayos, artículos,
citas bibliográficas,
reseñas, repasos, revisiones y ediciones.
Francamente,
no es el Dauster de UN ACTO, ¡sino el que ocupa lugar
en TODAS LAS GENERACIONES!

SANDRA M. CYPESS
University of Maryland

The Many Stages of
Frank Dauster

GEORGE WOODYARD

TO WRITE ABOUT Frank Dauster is a singular honor because his career as a scholar and teacher in the field of Spanish American literature marks a level of achievement of extraordinary quality. It is appropriate that on the occasion of his retirement, which is both unthinkable and in fact probably unrealistic, we should consider his unique contributions to a field in which he has not only set the standards but also has provided the model for many others.

When I asked Dauster for a full curriculum vitae, he protested but finally acceded with a humble, "Gad, here it is. I even left in the reviews; you can decide what you want or can use. Some of this stuff I can't even remember." It is hardly surprising that he cannot remember when we consider the quantity. By my count, he has seven books, six textbooks and anthologies (some of them multiple editions or volumes), 13 chapters in books, 56 articles, four or five items accepted for publication, nearly 100 reviews, and a section entitled "varia" that includes about 20 items, including notes and encyclopedia entries. It goes without saying that this level of publication would be difficult or impossible to achieve were it not for a correspondingly high level of quality which is of course what we long ago came to value in Dauster's work and publications.

For those of us who work in theatre, his career was officially launched with the publication of the *Historia del teatro hispanoamericano, siglos XIX y XX* in 1966, that is, more than 25 years ago. But before describing the enormous contribution that book represents, it is well to remember that his first book was published a full ten years earlier, the *Breve historia de la poesía mexicana*. This happy union with his Canadian-Mexican *tocayo* Pedro Frank de Andrea and the Manuales Studium began a fruitful relationship which lasted for many years. The *Breve historia* was a pioneering effort which filled a void ["falta la obra que presente una perspectiva completa de la poesía mexicana," as Dauster himself put it in the introduction], and which served to substantiate his "firme creencia de que México goza de un auténtico y rico caudal poético" (5). Using the Studium trademark of asterisks to indicate marks of quality, Dauster organized the whole of Mexican poetry, including the pre-Columbian remnants, from its beginnings through the contemporary period with meticulous attention to detail and a superb sense of outstanding aspects that resulted in pithy yet substantial characterizations. Using a system in which two stars were reserved for elevated figures like Sor Juana, whereas even Xavier Villaurrutia, on whom Dauster had finished his doctoral dissertation at Yale only three years earlier, received only one star, the 200 poets included in this volume are dealt with in superbly condensed but highly informative style.

Dauster's next book came seven years later when he published his *Ensayos sobre poesía mexicana*, also with Studium, a book that coincides with his promotion to full professor at Rutgers. With the *Ensayos* Dauster brought together ten substantial essays on the poetry of Xavier Villaurrutia, José Gorostiza, Carlos Pellicer, Elías Nandino, Salvador Novo, Bernardo Ortiz de Montellano, Gilberto Owen, Jorge Cuesta and Jaime Torres Bodet into a collection with remarkable cohesiveness and penetrating insights into the poetry of the "Contemporáneos."

In 1966 Frank Dauster published his first book on theatre. The brief 119 pages of the *Historia del teatro hispanoamericano, siglos XIX y XX* constituted a veritable treasurehouse of information, the first systematic and reliable sourcebook available, with documentation on 285 playwrights. When Ediciones de Andrea brought out the "segunda edición, muy ampliada," in 1973, it became, and has remained, the single most valuable resource on Latin American theatre published to date. Before the first edition, very few comprehensive items were available, and even those presented serious deficiencies: with the exception of Carlos Solórzano's two volumes with nearly identical titles plus volumes by Willis Knapp Jones and

Agustín del Saz, one was obligated to search through the few articles and ephemeral references that were available only in major research libraries. By providing background history with documentation on the major and minor playwrights of each country, organized systematically by periods and movements germane to each country or area, Dauster in one single motion opened up an entirely new field to research. The theatre of Latin America became a viable area of scholarly and critical inquiry with an unprecedented richness of documentation available. The Dauster history is remarkable both for its completeness and its accuracy. With 485 authors, nearly double those of the first edition, it contains documentation which is in many cases still difficult to locate. In the Studium tradition Dauster again used the two, one and no star system. As is the case in all fields, there are few pioneers. Dauster not only identified the authors with star ranking, but he also selected the major plays by each for special comment, in itself a qualitative process. In doing so he was establishing the canon of the field. The short list of playwrights for the 20th century who earned the coveted two stars in the 1973 Dauster history follows: Florencio Sánchez, Xavier Villaurrutia, Rodolfo Usigli, René Marqués, Carlos Gorostiza, Osvaldo Dragún, Griselda Gambaro, Carlos Maggi, Emilio Carballido, Jorge Díaz, Luis Alberto Heiremans, José Triana. Twelve writers in total. Is this not a primordial list of Latin American playwrights? Are these not the same playwrights who now, some 20 years later, are scrutinized, anthologized, dissertized, and otherwise criticized? Is it not indicative of his insightfulness that as early as 1973, Dauster knew that these were the outstanding playwrights that we would be studying for the next 20 years? Having gone out on an early limb, he deserves to feel exonerated by the durability of these choices. I personally have few disagreements with the list even now. I would certainly add Egon Wolff—and perhaps one or two have not worn so well—but for the most part they were solid choices.

Two years later, in 1975, Dauster published his *Ensayos sobre teatro hispanoamericano* following the model established with his essays on poetry some years before. This collection of nine essays on José Triana, Antón Arrufat, Luisa Josefina Hernández, Elena Garro, Francisco Arriví, René Marqués, Carlos Solórzano, Emilio

Carballido and Osvaldo Dragún represents the quintessential Dauster. Each essay is a small jewel structured around a dominant thematic or technical aspect of the plays by each author. The metaphor of violent games in José Triana's plays, for example, provides the venue for a close examination of the works up through *La noche de los asesinos* as Triana dealt with Cuban reality in non-realistic ways. In René Marqués's plays Dauster examines the concept of "tiempo culpable" as a structural element for the Puerto Rican whose identity was badly damaged by the political and cultural invasions from the mainland, invasions which Marqués thoroughly resented. The notion of "libertad sin límites" provides a framework to study Camusian-style existentialism in Carlos Solórzano's plays. Each of these nine essays provides a panoramic view of the author's plays through an analyti study unified by a common thread. Further, each is mercifully free of the jargon which has come to characterize some later criticism. These essays are models of clear thinking and a felicitous writing style that fulfills the primordial function of critical writing: to illuminate the text.

Even before this collection of essays appeared, Dauster's study of Xavier Villaurrutia was published by Twayne. As in the case of the entire Twayne series, this book opens up to an English-reading public the works of one of Mexico's most celebrated poets and theatre pioneers. After an initial chapter that establishes the historical and cultural context in which Villaurrutia's life and career developed, Dauster devotes separate chapters to a chronological study of first the poetry, then the theatre. While Villaurrutia's poetic production was "quantitatively slight," as Dauster points out, it was aesthetically intense. Always sensitive, sometimes solipsistic, never facile, Villaurrutia "was the first Mexican poet to give expression to man's radical solitude in our torn century" (125). To the Mexican theatre Villaurrutia brought the new concepts of staging then in vogue in Europe. The Teatro Ulises he created with Salvador Novo stressed the importance of the director who was responsible for coordinating the multiple aspects of a theatrical performance. To the critics who contend his plays lack passion, Dauster cautions them "not to confuse passion with rhetoric: beneath the scalpel which amuses as it cuts, human passion is revealed palpitating and ever more human" (125). Both Mexican poetry and theatre are fundamentally different because of Villaurrutia's contributions.

Dauster's book *The Double Strand: Five Contemporary Mexican Poets*, published by the University Press of Kentucky in 1987, proves, just when some of us i∠el that Dauster stands firmly in the theatre camp, he proves to us that he does have another area of specialization, one that he exercises, of course, with consummate skill. Of the five poets he deals with, two belong to the generation of 1924 and three to the generation of 1954, as generations were defined by the inimitable José Juan Arrom, Dauster's mentor at Yale. Dauster's "double strand," with resonances of chromosomes and DNA, refers to the dual heritage that characterizes much of Mexican poetry—the strong European backgrounds that combined with equally strong Mexican legacies. As a result, the "inner landscape" of Alí Chumacero, the erotic poetry of Efraín Huerta, the religious overtones of Jaime Sabines, the classical texts of Rubén Bonifaz Nuño and the search for an inner voice of Rosario Castellanos, all mark a major contribution in understanding Mexican poetry of this era.

This review of Professor Dauster's books does not begin to embrace his numerous articles or the items that appear as chapters in books, many of which are not only substantial pieces in themselves but which also reveal his interests that range broadly across the spectrum of Spanish Amercian literature and into the field of pedagogy. Essays on Vargas Llosa and Carlos Fuentes appear alongside "La cultura contemporánea de Hispanoamérica" and "Success and the Latin American Writer." It is only natural, though, that pieces on poetry and theatre dominate. When Leon Lyday and I were soliciting essays for the volume which was published under the title *Dramatists in Revolt* (known affectionately by our students, we finally learned, as the "revolting dramatists" book), we debated at some length whether or not Dauster could be represented by *two* articles, finally concluding, of course, that it was only proper because he was and is the acknowledged leader in the field.

Returning to the curriculum vitae, we encounter a section on professional activities and membership that indicates extensive editorial work. Dauster served as Associate Editor of *Hispania* for eleven years, and has been a member of the editorial board of *Revista Iberoamericana, Crítica Hispánica, Hispanic Journal,*

Journal of Spanish Studies-20th Century, Tramoya, and of course the *Latin American Theatre Review,* where his term of service has been lengthy and valuable. There is never a question about whether or not he recommends publication; a straightforward "yes" or "no" is the order of the day, accompanied by helpful recommendations. In addition to this *imposing* list of editorial work, a totally *unimposing* line from his c.v. deserves special comment. It reads simply: "Contributing Editor in Spanish Drama, *Handbook of Latin American Studies,* 1955-1979." I can personally vouch for what that line represents. The *Handbook* provides a format of glossed bibliography. When after his 24 years of service Frank recommended me for this task, I accepted with little notion of how much time and effort it involved. Suffice it to say that in the last cycle the Library of Congress sent more than 200 plays and critical studies. To round out this section, there are the textbooks and anthologies that have helped to put Spanish American literature into the hands of interested students: *Teatro hispanoamericano: Tres piezas, Literatura de Hispanoamérica, En un acto, 9 dramaturgos hispanoamericanos* and *3 dramaturgos ríoplatenses.*

After serving in the U.S. Army during the war, Dauster came back to school and completed a Ph.D. in seven years. One university I know well allows students seven years to the Ph.D. following the master's. In Dauster's case, it was *seven years* from beginning the B.A. to completion of the Ph.D.! The variety in his career is marked by summers working with NDEA programs for secondary teachers, or serving as coordinator of the literature program at Middlebury during summer school, or giving countless hours of professional time and expertise to many organizations, including AAUP, Phi Beta Kappa, AATSP and others.

Another dimension of Frank Dauster's early recognition of, and insistence on, a high standard of quality in his penchant for walking out of theatre performances when he despairs of the production. For many of us, this is difficult, whether out of concern for the actors, or a determination to see what was paid for, or perhaps because of extreme inertia. In Frank's case, it is yet another indication of his dedication to excellence.

Frank Dauster is an excellent and devoted family man, father of two sons, a grandfather, and the husband of a lovely wife Helen who for all we know may have also launched a 1000 ships while she was providing loving support for the man who wrote a 1000 scholarly articles. "For Helen, as always," the introduction to *The Double Strand* reads, in part. The other part is "For Bob and Nick, because it has been such fun all the way." It is frankly difficult, pardon the pun, to imagine that Frank will be less productive after formal retirement from Rutgers, and it is reassuring to know that the steady stream of publications continues to flow. *Perfil generacional del teatro hispanoamericano (1894-1924): Chile, México, El Río de la Plata* was published by Girol in 1993 as a first part of a proposed "trilogy" that will include the generations of 1954 and 1984.

Frank's many students, colleagues and friends in the field salute him for his previous accomplishments and wish him the very best (or in theatre parlance, break a leg) or whatever new challenges on whatever new stage. Frank, it really has been fun all the way.

UNIVERSITY OF KANSAS

Una copa de daiquirí
(Para festejar la jubilación de un gran maestro)

JOSÉ JUAN ARROM

 L DAIQUIRÍ ES UNA bebida antillana apreciada en el mundo entero. Es suave, refrescante, deliciosa. Y, por añadidura, su historia contiene, como en breve síntesis, la historia del Caribe. Eso no ha de sorprendernos. En materia de bebidas, los pueblos hacen lo que pueden con lo que tienen. Y en el proceso reflejan su geografía, su idiosincracia y las raíces más entrañadas de su cultura. En Europa, por ejemplo, donde el cultivo de la vid constituye un arte antiquísimo, del fruto de la vid los europeos confeccionan las sutiles variedades de sus vinos. En el Japón, donde desde tiempos inmemoriales el arroz es parte esencial de la ecología y los hábitos alimentarios, de arroz fabrican los nipones su delicado saki. En la meseta mexicana, donde las puntiagudas pencas del maguey definen el paisaje, los aztecas aprendieron a extraer del corazón del maguey el líquido con el que preparan el pulque. De igual modo, en las soleadas costas del Caribe, tierras cañeras por antonomasia, del jugo de la caña se manufactura el ron. Y con ron, limón, azúcar y hielo se prepara el daiquirí.

En el caso del daiquirí, lo sorprendente es que nada, o casi nada, sea originario de las Antillas. La caña de azúcar la introdujo Colón en su segundo viaje. El limón se trajo, no sabemos cuándo, de los fragantes huertos andaluces. El proceso de la fabricación del azúcar también se introdujo del extranjero. Y hasta los cubitos de hielo son el producto de tecnologías importadas. Lo único nuestro sería el haberlos combinado en una síntesis que es, como nuestra cultura, suma de factores provenientes de diversas zonas, y que aquí se han unido para formar algo nuevo, distinto, propio.

Remontar las rutas de arribo de los elementos que constituyen el daiquirí, y seguir las etapas del proceso mediante el cual se han ido mezclando, es como exponer, uno a uno, los hilos con que se ha tejido nuestra historia económica, política y social. La hebra maestra es, sin duda alguna, la caña de azúcar. Ella se convirtió desde su llegada en fuente principal de nuestra riqueza y a la vez en causa de nuestros mayores males. Su cultivo y aprovechamiento requieren abundante mano de obra. Y en la urgencia de hallarla pronto y a precios ínfimos, se recurrió a la peor de las soluciones posibles: la esclavitud. Al esclavo se le usó como mera bestia de trabajo, como pieza deshumanizada de la maquinaria productiva. El insaciable deseo de obtener mayores ganancias exigió un número siempre creciente de cañaverales y de dotaciones. La trata se convirtió asimismo en un gran negocio. Y las potencias occidentales, empeñadas en adquirir más territorios y extraer fáciles riquezas, hicieron del Caribe el campo de batalla de sus intereses. Aquí ensayaron sus armas, sus sistemas de explotación, sus desorbitadas ambiciones de lucro. Y en los vaivenes de la lucha, como si el Caribe fuera una gigantesca coctelera, se fueron agitando y uniendo los elementos que integran el daiquirí.

Primero, el ron. Tanto el nombre como la fabricación del licor parecen haberse iniciado en las Antillas Británicas. Los más antiguos documentos de que tengo noticias aparecen en Barbados hacia 1650. En ellos se le llama a la bebida "kill-devil," y también "rumbullion." Siguiendo la tendencia anglo-sajona a preferir el monosílabo, para 1667 el rumbullion se había reducido a "rum." Pronto el ron empezó a jugar un destacado papel en el comercio de esclavos. Los bergantines negreros zarpaban de Africa con las sentinas atestadas de su dolorosa carga. En las Antillas la trocaban, entre otras cosas, por melazas que a su vez transportaban a los puertos de Nueva Inglaterra. En las destilerías de Massachusetts y Rhode Island las melazas eran convertidas en ron. Abarrotadas de ron volvían al Africa para adquirir nuevos cargamentos de esclavos. Se cerraba así un círculo vicioso, o más exactamente, un pavoroso comercio circular.

Luego, la costumbre de diluir el ron con un poco de agua. A

principios del siglo XVI el Caribe fue una especie de mar mediterráneo reservado exclusivamente a los navíos españoles. Pero no tardó
mucho en que se convirtiera en coto de caza para toda clase de
aventureros. Sus ondas se vieron surcadas por piratas y corsarios
(*piratas*: los que robaban por su cuenta y riesgo; *corsarios*: los que
hacían lo mismo con permiso de sus respectivos monarcas, quienes
a ese efecto les concedían las llamadas "patentes de corso"). Y entre
unos y otros, una abigarrada multitud de bucaneros, filibusteros,
contrabandistas y hasta entorchados almirantes al mando de
expediciones no menos predatorias. Uno de aquellos almirantes,
Edward Vernon, era también conocido por el sobrenombre de Old
Grog. En sus correrías por el Caribe saqueó a Portobelo en 1739,
pero fracasó en sus asedios a Santiago de Cuba y Cartagena de
Indias. Para elevar el ánimo a sus tripulaciones ordenó que a cada
marinero se le diese una diaria ración de ron diluido con agua. A esa
ración se le llamó en honor al imaginativo almirante, *grog*. Y una
vez iniciada la costumbre, la muy tradicional Marina Real Británica
la continuó hasta 1970.

Después, el limón. Durante las largas travesías del Atlántico, a
los pocos días de navegación escaseaban las verduras y las frutas.
Debido a la resultante deficiencia dietaria, a las tripulaciones se les
inflamban las encías, se les aflojaban los dientes, perdían las fuerzas
y sangraban con facilidad: padecían de escorbuto. Experimentos
llevados a cabo por un médico escocés, James Lind, demostraron que
tales padecimientos se curaban consumiendo frutas cítricas. Y dio
a conocer esos resultados en 1753 en un libro titulado *A Treatise on
Scurvy*. Estudios posteriores han corroborado el descubrimiento de
Lind: el escorbuto es causado por la carencia de vitamina C. Y como
es sabido, una de las fuentes más ricas y fáciles de conservar de la
vitamina C es el limón. La historia no ha registrado el nombre del
primero a quien se le ocurrió la idea de mezclar el grog con el jugo
de limón y añadirle un poco de azúcar. Pero el resultado fue, sin
duda alguna, muy potable. Y de espectaculares cualidades terapéuti-
cas.

En alas del éxito la combinación pasó de alta mar a tierra firme.
En 1862 se bebía en los campos de Cuba una mezcla muy parecida,
que llevaba un nombre que justificaría la trayectoria aquí propuesta.
La evidencia la he hallado en un libro de Francisco de A. Cabrera

titulado *Razón y fuerza: narración militar y de costumbres cubanas.*
El autor consigna en sus páginas este trozo de conversación:

> —Vaya, señores, no ponerse bravos—dijo Celaida—que ahorita
> tendrán vino criollo.
> Y con la presteza de una joven vivaracha arregló un draque,
> esa mezcla de aguardiente de caña, agua y azúcar que suelen
> tomar los guajiros y que indisputablemente constituye una
> bebida más saludable que el vino adulterado. (Cito por la 2a. ed.,
> Madrid, 1892, 309)

Es cierto que el cronista no menciona el limón. Pero con limón lo
ha registrado Esteban Rodríguez Herrera en su *Léxico mayor de
Cuba.* Allí lo define en estos términos:

> *Draque,* s. m. bebida popular, propia de trabajadores, compuesta
> de aguardiente de caña, azúcar, limón y yerbabuena como
> principales ingredientes. Algunos la llaman *compuesto.* El
> vocablo se tiene por anglicismo. (Tomo I, La Habana, 1958, s.v.)

Draque es patente anglicismo. Se trata de una simple castellaniza-
ción del apellido de Francis Drake, corsario casi legendario que en
la segunda mitad del siglo XVI saqueó varias ciudades del Caribe,
atacó a una flota española en el propio puerto de Cádiz, participó en
la derrota de la Armada Invincible y halló su fin frente a Panamá.
Sólo que por aquellos años se le llamaba El Drago, y de ahí el poema
de Lope de Vega titulado *La Dragontea.* Y pienso que de haberse
sabido el significado literal del apellido, acaso lo hubiesen asociado,
no con un monstruo quimérico, el dragón, sino con una ave de
corral, el pato. De todos modos, la palabra *draque* desapareció luego
sin dejar el más leve recuerdo en el habla popular cubana. No
ocurrió lo mismo con la designación "vino criollo," que pasó a
llamarse "mojito criollo" y luego simplemente "mojito." Y es el
mojito, preparado con los clásicos cuatro elementos que menciona
Rodríguez Herrera y guarnecido con la consabida ramita de yerba-
buena, el que se sigue haciendo hasta hoy en Cuba, y en todas partes
donde haya finos catadores que a la vez sean buenos conocedores de
nuestras tradiciones.

Indaguemos ahora cómo se derivó del mojito la variente, más concentrada, que se conoce por daiquirí. En junio de 1898 desembarcaron por las playas de Siboney y de Daiquirí, en las inmediaciones de Santiago de Cuba, las tropas norteamericanas que iban a participar en la fase final de la que hasta entonces había sido una guerra hispano-cubana. Los soldados llegaron vestidos, en pleno verano, con uniformes de invierno. Las fuerzas cubanas que protegían el desembarco, viéndolos sudar la gota gorda, pensaron que la mejor protección que podían dispensarles en ese instante era ofrecerles refrescantes cantidades de mojito. Aquella cordial ayuda, si apreciada en ese instante, fue luego muy mal correspondida. Ganadas las batallas de El Caney y San Juan, y rendida la ciudad, el general Shafter se negó a que el ejército cubano entrara victorioso en Santiago. Al saberse la noticia, los jefes cubanos reaccionaron con justificada indignación. Y el general Calixto García, comandante en jefe en las Provincias Orientales, le escribió a Shafter una carta que debe ser ampliamente conocida como respuesta ejemplar de la agredida dignidad cubana.

La acción de Shafter fue presagio de peores desmanes. Los que habían llegado en son de aliados se quedaron ocupando militarmente la isla. Y a la fuerza impusieron, como condición para retirar sus tropas, que a la constitución de la futura república se le incorporase la llamada Enmienda Platt. Al amparo de la enmienda, y de tratados comerciales no menos onerosos, las corporaciones norteamericanas se fueron adueñando, entre otras cosas, de las tierras más fértiles y de la minas más ricas.

Una de aquellas minas, situada a pocos kilómetros del poblado de Daiquirí, pasó a ser propiedad de la Spanish American Iron Company. Se dice que uno de sus administradores, nombrado Jennings Cox, deseoso de un trago más fuerte que el mojito, suprimió el agua y enfrió el resto con hielo. A esa innovación se dio en llamarlo primero "ron a la Daiquirí" y luego daiquirí a secas.

La fama de la feliz mutación se extendió pronto a La Habana y de allí al extranjero. Ello se debió, como de costumbre, a sucesos históricos de singulares consecuencias. Desde el siglo XIX había existido en los Estados Unidos un movimiento político, conocido por "los secos," que se proponía ilegalizar el consumo de bebidas alcohólicas. Apoyándose en la entrada de su país en la Primera

Guerra Mundial, los secos lograron una prohibición transitoria como parte del esfuerzo para ganar la guerra. Y aprovechando la ausencia de los que se batían en los campos de Europa para "salvar la democracia," estos salvadores de la moralidad ajena se las arreglaron para que la prohibición pasase de temporal a permanente mediante una enmienda a la constitución, la décimoctava. Aprobada ésta, se encargó a un oscuro congresista, Andrew J. Volstead, que redactase la consiguiente legislación que prohibía la manufactura, venta y transporte de bebidas alcohólicas.

La ley se votó, pero no se cumplió. Los "saloons" se transformaron en "speakeasies." El abastecimiento de los speakeasies fue dominado por notorias figuras del hampa. Y para suplir a los hampones, las ondas del Caribe se vieron surcadas de nuevo por otra laya de contrabandistas, los "rumrunners." Fue, otra vez, un gran negocio, a menudo con la anuencia y participación de las autoridades.

Ahora bien, más divertido que deslizarse sigilosamente en los speakeasies era ir de vacaciones a Cuba y beber abiertamente en las ruidosas barras de La Habana. Se hicieron famosos el mojito de la Bodeguita del Medio y el daiquirí del Bar Floridita y del Sloppy Joe's. Y como abundaban los entretenimientos, de todas clases, en aquella Habana de ron, rumba y relajo, los turistas regresaban, todavía alegritos, tarareando los ritmos de El Manisero y Mamá Inés. Así unidas, la música y las bebidas cubanas conquistaron a risueñas capitales del mundo de los placeres.

Si nos detuviésemos aquí, se nos quedaría otro cabo importante por atar: el significado de la voz *daiquirí*. Se ha visto que es el nombre de una playa, y un poblado y una mina en el término municipal de El Caney; también, de un río y unas lomas en el mismo municipio. Pero eso no aclara el sentido original que le dio el taíno que nombró el lugar. Aunque a estas alturas no es fácil ofrecer una etimología definitiva, cabe al menos sugerir una hipótesis. Comenzaré por señalar que en la isla Margarita, cercana a Venezuela, se ha registrado la voz *Waikerí*. Douglas Taylor piensa que acaso sea un dialecto del idioma guarao; yo diría que se trata más bien de un topónimo, muy parecido y del mismo origen lingüístico que *daiquirí*. Procediendo ahora al análisis estructural de *da-iki-rí, da-* es un prefijo pronominal que en las lenguas arahuacas equivale al español "mi, mío." La raíz *iki* se ha documentado, bajo las grafías *eke, eki, ike* e *iki*, con el sentido de "comer, comida." Y *-ri* es un sufijo ligado que hace del sintagma un sustantivo, y que en español pudiera traducirse por *-ero* tal como aparece, digamos, en *florero, cenicero* o *merendero. Da-iki-rí* significaría, por consiguiente, "*mi-come-d-ero.* En tal caso, puesto que *wa-* es el plural de *da-,* el topónimo margariteño equivaldría a "nuestro-comedero." Y quedaría demostrado, una vez más, que los pueblos caribeños estamos ligados, no sólo por las indelebles estelas de los galeones españoles, los barcos piratas y los bergantines negreros, sino también por el casi imperceptible rastro que las canoas indígenas han dejado sobre las aguas de nuestro turbulento mar.

En fin, que más allá de los arribos, padecimientos y conflictos de europeos y africanos hemos hallado la raigal presencia del aborigen. Era el factor que nos faltaba para completar el recorrido. Y en cierto modo, seguir el recorrido ha sido como si nos sirviésemos los principales elementos de la historia del Caribe concentrados en una copa de daiquirí.

EMERITUS, YALE UNIVERSITY

Life as Art, Art as Life:
The Poetry of Amparo Amorós

ANDREW P. DEBICKI

 HE POETRY OF Amparo Amorós illustrates several key traits of Spanish verse of the 1980's and represents some of the most original and compelling lyrical work of the decade. A perceptive critic and a conscious artist, Amorós has articulated a poetics which informs her creative work. She seeks a verse that expresses a "pensamiento poético," by which she means a coherent vision of reality embodied in verbal structures, and not merely logical thought ("Pensamiento poético y filosofía," 63-65). Specific experiences may motivate such a vision, but they must be transformed and elevated in the poem.[1] Poetic language, hence, stands in opposition to intellectual language, to literal expression, and to the "lenguaje gastado" of the everyday, as Amorós argues in "Retórica del silencio." In this essay, she builds on the ideas of María Zambrano, José Angel Valente and Pere Gimferrer to define a "poética del silencio" which implies an essentialist attitude to her art (and not any mutism or nihilism). Such a poetics has been used to characterize not only her work but also those of Jaime Siles and others who seek an exact poetry and pull back from the ornamentations of some

---

[1] In an interview with Requeni, Amorós stated: "Mi poesía nace de una 'poética de la intensidad' en que la precisión, la economía expresiva y la tensión entre la apasionada vivencia que genera poema y la forma... intentan producir en el lector... una emoción profunda e íntima" (3).

of the "novísimos" of the 1970's in Spain.

Amorós's poetry should be read against the backdrop of these ideas. *Ludia,* published in 1983 after winning the "accésit" to the Adonais prize in 1982, is named for a female *persona*: the word evokes play, gamesmanship. The book focuses on perspective play and makes poetic perspective a main subject, exploring ways in which poetic language attempts to seize and preserve the beauty and the essence of human experience (see Siles). In it, Amorós uses language and allusion with great precision. Many of its poems are short, building their meaning on one exact image; others, while longer, are constructed of several precise sections, punctuated by telling spaces (or silences). The volume contains many literary allusions; in a manner similar to that used by earlier "culturalist" poets, such allusions act as vehicles or correlatives for human experiences. Unlike earlier poets such as Luis Antonio de Villena or Pere Gimferrer, however, Amorós avoids complex schemes of allusions. Rather she uses a fairly evident intertext to set a theme or episode in a wider, often archetypal context, and relate a life experience to a more absolute subject. This attempt to use poetry to overcome time and the intranscendence of daily life, however, is subject to subversion and to failure, as we will see.

A good example of the use of language and of the relationships drawn between life and art in *Ludia* is "Escena de caza." The poem begins with a quotation from Ovid's *Metamorphoses,* setting its subject in a literary perspective. The quotation describes Daphne's flight from Apollo via the images of hound and hare, and thus accents the gracefulness of the action rather than its plot value. The text which follows then describes the scene as a work of art (and may indeed refer to a painting of the episode):

Lo primero que alcanza a percibir
el testigo ocasional,
antes de alzar la mano deteniendo
la imagen, con un gesto
el ágil antebrazo que sustenta
la señal enguantada,
es el bronco jadeo

de los mastines
que integran la jauría.

Levanta ya los párpados y observa
el sabio orden de los lugares
que cada bulto ocupa
en el rectángulo
del apresurado espacio.
La luz da a cada forma su volumen preciso.
Los límites definen las figuras
sobre un aire en tensión.
Un punto en el conjunto
atrae la mirada:
en él están implícitos la gracia,
el deseo acechante,
un zureo de duda,
la carrera, los cuerpos casi vuelo,
el sucederse en frágil equilibrio,
los materiales mismos de la obra,
el instante feliz y su contrario.

(—No ofendió con torpeza nuestras frentes
describiendo también los personajes—)

No podemos detener la belleza
más que un único instante
—piensa. Desciende el arco
que su brazo tensara unos segundos
y devuelve el tapiz al movimiento
asumiendo el peligro de la huída. (62-63)

The action referred to in the poem, the chase of Daphne by
Apollo, is stylized and set back several levels from anecdotal reality;
we first see it in a quotation from a poem, then as a visual work of
art, and one contemplated by a seemingly detached observer. In the
first lines, the observer freezes the picture at one point in time (the
author has indicated that she saw this as the freezing of a motion
picture frame). The picture's aesthetic balance is stressed through-

out: its value lies in the harmonious distribution of figures, in the play of light and volume, in the materials of the composition. Stanza three carries the stylization to an extreme, indicating that the observer avoids even the realistic intrusion of having to describe the characters.

And yet it is precisely this stylization, this "artfulness," which imparts vividness and an air of reality to the picture. The first thing the observer sees in the artistic scene is the panting of the dogs—an elemental act of life. As s/he contemplates the harmony of the objects, s/he becomes aware of the tension of the figures, the desire, the sense of movement in the bodies, the material presence of the picture itself. We note that the observer's perception of all this vividness occurs after s/he has stopped the image (or movie), artificially detained the flow of the story. Paradoxically enough, the aesthetic distancing of an artistic perspective has not impeded but rather engendered the vividness of the subject.

The last stanza begins with the observer's meditation on the impossibility of freezing beauty too long. When this observer now lowers his/her raised arm and lets the action, the myth, the movie go on, we get a sense of life continuing. This makes us feel, on the one hand, the inability of art to preserve forever its beauty against time. In this sense, the poem ends with an idea often repeated in Amorós's verse, that of art's capacity to stop the course of time only very briefly and partially.

Yet we can also discern a counterbalancing, more positive attitude to art in this ending. We notice that the observer's hand, which was raised to stop the action, is called an "arco/ que su brazo tensara" when it is lowered to let life continue. Is it far-fetched to suggest that this evokes the picture of a bow ready to shoot an arrow, and recalls the arrow shot by Cupid to start Apollo's pursuit of Daphne? This perception combines the mythological story and the artistic embodiment of that story by the observer (and the poet?). In that sense, the poem has revivified the ancient myth, combining life and art and overcoming our ordinary perspective. Art may not be timeless, but it does elevate and preserve human values.

The interrelations of life and art, and the way in which art elevates life, are the explicit subject of many poems in *Ludia*. In "Fachada modernista," for example, the decorativeness of an ancient façade not only attracts the viewer by its artfulness, but also produces a sensorial effect that gives it a vividness denied to its utilitarian surroundings:

Donde el espacio accede
a la invasión benigna del transcurso
instaura la memoria
la usura frágil de su arquitectura:
enramadas cautivas descritas por la piedra,
balconada herrumbrosa de forjas vegetales,
un remate carnal encrespando la altura...

          ... ...
Toda línea se aviene a la dulzura,
se entrega mansamente a la mirada
revienta en las horas
la magia de una forma
que osa tímidamente un surtidor lascivo.

          ... ...
Gesto de una exquisita decadencia
esta evocada entrega a los sentidos
en las vitrinas de los miradores. (15-16)

Taken in and of itself, the façade here contemplated is an example of art removed from everyday modern life: it conjures up the decorativeness of the bygone era of "modernismo" and stands in contrast to contemporary utilitarian architecture. In this poem, however, it comes to life—and it is precisely its decorative nature that makes it more vital than its modern surroundings. Amorós personifies the façade's decorations ("enramadas cautivas," "remate carnal," "toda línea... se entrega"); she uses adjectives that create a sensual relationship between its elements; she makes elements of the façade move as if they were alive. And all this is done while the poem stresses that what we are contemplating is art: attention is called to the façade's "arquitectura" and "línea" as well as to its "forma." We are made to experience the fact that the more artful and "unrealistic" the subject becomes, the more it gains vitality and emotional value. In a superficial sense, one could say that this poem is a somewhat melancholic evocation of a lost past, or an assertion of an aesthetic fantasy against reality. More importantly, however, it is an exemplification of how a work of art makes its subject and its style emotionally significant. (We might even note that the poem's descriptive title, "Fachada modernista," is placed in parentheses, almost hidden: what matters is not the realistic object of the façade, but the artistic experience created by it.)

The second section of *Ludia*, titled "Visiones," contains a long poem numbered "I" and is composed of twelve short segments, each comprised of from three to six lines and printed on a separate page. Its theme is a quest for a "tú," who on the one hand seems the speaker's lover, and on the other a source of poetic insight. By fusing these functions, the poem makes us feel the poetic elevation of a human experience—an elevation accented by a prefatory quote from Saint John of the Cross's "Cántico espiritual."

At various places throughout this poem, we come upon references to specific moments of a love relationship: a search for and meeting with the lover are evident in parts one and two, the union of the lovers in sleep in part nine, their compenetration in part eleven. But, much as in the poetry of Saint John, the anecdotal level of the relationship is dissolved in the language, and the experience converted into a more essential (though incredibly sensorial) quest. By eliminating anecdotal detail, by reducing moments of the episode to essential images, by punctuating these images with pauses, Amorós makes the subject simultanously more cosmic and more intense. This poem, then, exemplifies perfectly how *Ludia* illustrates and highlights poetry's way of elevating experience, and giving verbal embodiment to key ideas or visions.

Amorós's second book, *La honda travesía del águila* (1986), continues the path marked out by *Ludia*.[2] This book is more grounded in specific references, both contemporary and historical, on the one hand, and more expansive in its use of language on the other (Jiménez). But it continues highlighting and demonstrating

---

[2]Amorós published, in 1985, a set of poems titled *Al rumor de la luz*, which appeared as a monograph put out by the magazine *Zarza Rosa* in Valencia. Given the limitations of space of this study, as well as the fact that the main poems of this monograph are included in *La honda travesía del águila*, I will not deal with it here.

how poetic language seizes the mysteries and meanings of human life. It opens with a prose introduction, in which Amorós lyrically evokes human beings' desire for union, and suggests that the absences and alienations of real existence simply confirm the fundamental nature of that desire, which is linked to our struggle against time and death. (This desire would constitute, in terms of Amorós's poetics, the core idea or vision of the book.)

Reading and rereading the poems of the book, it becomes obvious that a story of love constitutes its underlying referent; as in all of Amorós's poetry, this referent is transformed (and sometimes concealed) by the poetic process so that it points us to the book's dominant vision of union on the one hand, and to a consideration of the poetic process itself on the other. "Consentiment" offers a good example:

Tenderse sobre el mar
reclinando la espalda
en el latido
de un cuerpo enamorado.

Sentir como destino
que esa precaria densidad
sostiene
con su pecho de riesgo
nuestra vida.

Dejar que la deriva trace el rumbo
al país del hallazgo,
las mareas
descubran
orillas imprevistas
y los astros imanten
la rosa del azar.

En su instante perfecto
no vuelan
se abandonan en el aire
entregadas al viento

las gaviotas. (23)

The poem begins focusing, in specific fashion, on the sensations and feelings produced by the physical union with the beloved. The sense of immediacy thus achieved leads, in stanza two, to a wider vision which combines the transcendent value and the vulnerability of this experience. The concrete event has engendered a more absolute sense, in a fashion that might recall a poem by Jorge Guillén.

Stanza three shifts to a more visionary perspective: the speaker's passive sense of contentment and harmony leads her/him to a creative and imaginative perspective on nature and reality. We are made to feel the presence of a magic moment and vision, as the use of the infinitive marks the stopping of time (see Hart, 171). The speaker contemplates nature, which performs the only actions in the poem ("la deriva trace...las mareas descubran...los astros imanten").

In the last stanza, the whole focus shifts from speaker to nature: the former's sense of harmony is transferred to the gulls, who embody in a single vignette the sense of perfection and of time standing still. For Anita Hart, there is at least a suggestion that the human protagonist may not share such a sense (172); for me, the gulls merely expand and universalize the speaker's experience. Yet the poem has hinted at the precariousness of this experience in some of the details of stanza two ("pecho de riesgo"), supporting Hart's view of the fragility of the ecstatic vision produced by the lovers' union.

"Consentiment" does not explicitly comment on the poetic process as such; yet the vision derived from the initial love experience and described so artfully in stanzas three and four is so obviously a *poetization* of an event that the text conveys poetry's role in elevating human experience. In addition, this poem deals with a topic so common to many texts (by Juan Ramón Jiménez, and even more by Jorge Guillén), that it becomes implicity intertextual: we read in it the whole modern tradition of poetry as a striving to embody the transcendence of life.

"El águila bifronte" (47-48), originally published in *Al rumor de la luz*, develops the same themes. It is built, again, on the experience of a lovers' union which leads to a sense of human and natural harmony and a defiance of time and death. This text, however, takes a less immediate perspective: rather than describe a specific place and time, it consists of a series of five interrogative stanzas, in each of which the speaker examines her/his desire for the beloved and its implications. As the poem develops, the cosmic implications of love expand further and further, as a series of natural images and states of emotion underline the transcendence of the experience. Hart has noted many parallels and echoes to the poetry of Saint John of the Cross, which support this transcendence (176-77), and notes a tension between the desire to stop time and an implied awareness that this cannot be achieved forever (178). When read in conjunction with "Consentiment" and with other poems such as "Criaturas del gozo" (54-56) and "Isla" (51), "El águila bifronte" makes us aware how artfully Amorós has used her underlying referent of the lovers' union. Although each text adopts a different point of departure and a different perspective, each finds a unique way of transcending the specific topic and drawing from it a larger vision of life's transcendence and of poetry's role in that transcendence.

At first glance, "Juana, las voces y el fuego" (29-32) seems very different from all of these poems. It deals not with contemporary lovers but with an historical figure. This long poem consists of various sections, uttered by at least three speakers, the main one being Joan of Arc as she reacts to the voices that convey to her a mystic experience. Yet it focuses on the same key themes that we have seen unfolded in the other poems. The words Joan hears and utters offer her a higher truth: they represent a poetic act of discovery that rises above the everyday and the pragmatic (represented here by the language of the bishops who condemned Joan as bewitched). They illustrate, then, Amorós's view of the poem as an embodiment of a higher vision. The paradoxical combination of fragility and timelessness of such a poetic vision is expressed through the image of fire, which on the one hand marks the burning of Joan and her inability to maintain her ideal, and on the other remains in the mind of the reader forever:

En cambio tú
por ser llamada a la hoguera de lo que no dura
eres Juana del fuego,

Juana la de las voces,
y fiel a sus respuestas
permaneces
ardiendo la memoria
para siempre. (32)

La honda travesía del agua continues and intensifies, as we have seen, the poetic path marked out in *Ludia:* its poems again embody, from various angles, a dominant vision of the transcendent implications of human experience, and of the value of the art of poetry in configuring such experience. Its even greater richness derives, to my mind, from two new (and in some ways opposing) features: from its more obvious grounding in the specific referent of a love relationship on the one hand, which endows it with immediacy even as it is elevated and transcended, and from the ways in which it evokes and situates itself in the context of prior poets who found transcendence amidst concrete existence, mainly Saint John of the Cross and Jorge Guillén.

This invites us to try to situate Amorós's poetry historically. In some ways, it marks a continuation of tendencies which poets writing in the 1970's, and especially the "novísimos," brought to Spanish letters: a leaving behind of earlier social concerns, a certain aestheticist bent by which art serves to elevate human life, a careful and original use of language, the use of intertexts and allusions. Amorós's links to the poetry of Saint John and Jorge Guillén are parallel to the "novísimos' " interest in rescuing prior lyric traditions that previous social poets had abandoned. In another way, however, those links take Amorós beyond the "novísimos": whereas the latter admired Guillén's craftsmanship, their own more purely formal focus, and the complexity of their intertextual plays, had made their poetry more "bookish," and hence perhaps less intense. Amorós, as we have seen, uses both imagery and intertextuality in a more straightforward fashion, which connects her poetry to that of her great predecessors of Modernity on the one hand, yet makes it more innovative when seen in context of the "novísimos" on the other.

One might see here, precisely, how Amorós's poetry is exemplary of the 1980's. She continues the focus on artfulness and on lyricism which emerged in the 1970's, but avoiding the extremist stances (and the posing) of some of the "novísimos." Her poetry, though highly artistic, emerges from life experiences and embodies emotive meanings, traits common to other poets of the 1980's from María del Carmen Pallarés to Jaime Siles, to Ana Rossetti, to Luis García Montero (naming poets very different from each other). And maybe even Amorós's own refusal to allow critics to situate her in any generation (she does not reveal her age to keep them from so doing), as well as our sense that her work can be related to those of poets from many eras, illustrates a recent tendency to avoid excessive generational divisions and characterizations. Amparo Amorós is of her time by transcending the narrowness of that or any other time.

In 1988, Amparo Amorós surprised her readers with the publication of *Quevediana*, a book of thirty satirical sonnets somewhat in the manner of the Baroque poet, but written in very current language and focused on contemporary Spanish types and scenes: an advice columnist writing to a husband-seeker, a masochist boyfriend, a literary café gathering, an arrogant critic, a watcher of soap operas. The poet's prologue notes that all these poems were written in reaction to a disturbing environment, and originally were not meant to be published. It also helps us contextualize them. All of her verse, notes Amorós, constitutes "un arma para sobrevolar la catástrofe cotidiana limitadora e inevitable. Una huída hacia arriba y hacia adentro" (10). If her prior serious books attempted to rise above the everyday, *Quevediana* tries to overcome it by satirically embodying it in a current idiom that is expressive yet poetic.

The work is a delight on many levels. Some of its poems rework specific Quevedo texts and images, as well as interpretations of these images, while satirizing modern traits. "Soneto burlesco a un Apolo para necias acaloradas" (27) begins: "Erase un hombre a un pito atornillado,/ érase un mascarón superlativo,/ érase el propio Falo redivivo/ érase un torreón desenvainado." This not only reworks Quevedo's "A una nariz" ("Erase un hombre a una nariz pegado") but also alludes to sexual interpretations of that text. In addition, it makes us see the modern world as a sort of crude version of Baroque society, especially when the poem's speaker, presumably addressing the "necias acaloradas," suggests that when sex is the subject and "un Tarzán bien dotado" is needed, intelligence is beside the point and "hasta un orangután cubre el avío." *Quevediana* confirms the contemporaneity of all of Amorós's work. It suggests that the search for a higher vision and the artistic concern of her previous book represented not a throwback to the 1920's, but a new idealistic response to her circumstances and surroundings, which is now complemented by a counterposing and satirical one. At the same time it illustrates, much as did *Ludia* and *La honda travesía*, the poet's verbal skills and her use of allusion and intertextuality in very original ways.

Arboles en la música, containing fifteen poems written between 1986 and 1990, has not appeared in print, but is considered complete by the author and has circulated in photocopies. It fits the serious vein of Amorós's first two books, but also reaches beyond them. Composed mostly of longer poems written in flowing longer lines of generally free verse, the book weaves a series of experiences in which trees embody, reflect, and connect with human existence. Its underlying themes recall those of preceding books: it is marked by its speakers' attempts to transcendentalize life and to overcome time through poetry. The consciousness of time passing and of human aging is much stronger in this book than heretofore. The landscape of trees and nature weaved by the poet, reminiscent of some works of Vicente Aleixandre, seems to represent a more conscious effort at creating a vision—perhaps even a myth—with which to battle the forces of time and death.

This is very evident in "La respuesta":

Nunca te has preguntado cuando cae la tarde de tu edad
y en silencio, frente al fuego incesante de los días,
¿por qué hay leños que arden hondo y sin llamear
como en un vendaval que, interior, los devora
sin destellos ni queja, prendidos de su ser,
ávidos de cumplirse abrazando la yesca
de esa devastación que los enciende en canto? (12)

As the poem develops, the image of the trees that burn quietly, without flames that shoot upwards, comes to represent a quiet and self-sacrificing act of giving, of collaborating with destiny to further natural existence. The poem ends as follows:

Recibe este regalo de su calor hermoso
y si en darlo se extinguen no sientas su destino.
Hay una gloria humilde en las cosas que en ser
lo que son se consumen. Fieles, como estos leños.
Nacieron para arder. (13)

By means of a symbolism more explicit than in her earlier poems,
Amorós here forges a vision of the trees as stoic contributors to
natural order. This vision underlies most of the volume; by
identifying with the trees, the speaker comes to accept and partici-
pate in such a selfless giving and compenetration. Frequently, this
attitude is linked with the making of poetry, as the trees and the
speaker-poet fulfill parallel functions in forging a higher existence.

Music plays a central part in this book. Thematically, music is
often linked to poetry and to the human effort to find transcendence
in life. Each poem (as indicated in the appendix) is also explicitly
related to a musical piece: Amorós notes specific movements of
sonatas and symphonies and individual recordings which provided
a background for the composition of the poem. ("La respuesta," for
example, is tied to Schubert's Adagio in Mi Bémol, opus 148.)
Amorós has indicated that "todo el libro nace de una imagen
visionaria: siempre que escucho música que me emociona siento que
me crecen árboles por dentro."[3] An awareness of these musical
correspondences, and the musical references within many poems,
contribute to a sense of compenetration between the vision of
nature and human artistic achievement.

This thematic characterization of *Arboles en la música* might
make it seem more philosophical than poetic, more transcendent
vision than verbal experience. Nothing could be further from the
truth. The different poems of the book display a variety of tones and
perspectives, and an amazing richness of nuance and imagery which
extends their range. "La deuda" illustrates this beautifully. Its

---

[3]The quotation comes from an unpublished interview, the text of which
was given to me by Amorós.

speaker begins by focusing on a particular setting while also calling attention to her/himself and the way in which (s)he narrates this setting:

> Verás: entonces todos se pusieron de pronto
> a convivir. Pero no. No es así. Eso sería
> empezar el magnolio por las ramas.
> Nuestra casa de entonces, en medio del jardín
> por el tejado. Comencemos de nuevo:
> Todo tiene sus leyes. ¿Oyes? ¿No escuchas?
> Es el coro final de la madera.
> La unánime canción de lo que empieza
> a vivir, madurando, otra forma de amor,
> a, sin notarlo, ser de otra manera. (29)

Although we are placed within a particular event, we become aware that the way of presenting it is being questioned, as the speaker reverses an initial narrative approach and struggles to find a better focus. Other reversals follow. Soon thereafter, the speaker points to the larger meaning of the episode: "Pero ese es el final: se llama acorde." Immediately afterwards, however, (s)he again backtracks: "Perdóname, yo debo contar desde el principio,/ no adelantar los acontecimientos." All of this makes us focus on the whole process of interpreting and artistically embodying the subject, stresses its complexity and keeps us attentive to the speaker's role as commentator and poet.

Led by the first line to expect the narration of some event, we then get, instead, a kind of fable, in which personified trees "grow" into musical instruments. I quote only a few excerpts from a very long section:

> Hubo una vez un arce que se amistó
> a la oscuridad del ébano y con alma de abeto
> llegó a ser violín. Un día un primo de alma,
> el pino-abeto, dio la espalda en un duelo
> al palosanto, seco, tras veinte años de aduana
> pero recién llegado de la India, y cara
> a esa muchacha de cintura pequeña, hombros

redondos y caderas de curva generosa
que llamamos guitarra, como andares de barca

... ...

Puntual, el piano aguardaba con chaleco de haya,
esmoquin de nogal y guantes de gamocilla negra
enseñando los dientes de su larga sonrisa
afable y tecleante, por el miedo o el frío. (30-31)

The reader, completely absorbed in the wildly imaginative personifi-
cations, becomes involved in the long narration of what turns out
to be a fable on the birth of music: the diverse instruments emerge
out of the wood of trees and, once "born," gradually come together
as a family and form an orchestra which sends forth a great hymn
"que alienta/ entre las cosas si dejan de ser ellas/ para ser al fin todo,
de todos, para todos." The text concludes: "Y se hizo la música"(32).

Fittingly associated with two lighter movements of Shostako-
vich's Chamber Symphony, opus 110a, "La deuda" weaves a
humorous fantasy which conveys the beauty that emerges from
nature transformed by art, underlining a central theme of the book.
At the same time, it calls our attention to the speaker-poet's process
of telling the story, modifying it, and creating imagery, and hence
makes us consider the role of poetry in creating myth and meaning.

Other poems offer other insights into the search for a transcendent perspective on human existence. In "El vínculo," paired with a
Beethoven sonata, the trees' growth becomes a reaching out for
beauty and harmony, even in the face of temporality. In "El don" (a
Bach sonata for cello and piano) a twig becomes a symbol of the
human potential of developing into a visionary of natural harmony;
in "El pacto" (a Haydn string quartet) the speaker projects her/him-
self as a tree so as to embody an almost pantheistic sense of order.
The use of tree and music imagery gives the book greater cohesion
than *Ludia* or *La honda travesía*. More importantly perhaps, it
provides a stylizing frame which focuses us on the ways in which
art (poetry, music) is the vehicle for seizing the transcendence of
life. The flowing verse and the visionary procedures (again we recall
Aleixandre) provide perfect support for the book's portrayal of this
theme.

Extending throughout the decade of the 1980's, Amparo

Amorós's poetry marks some of the best features of the lyric of this time: continued emphasis on well-crafted and artful poetic language, a conscious awareness and original use of prior poetic traditions, coupled with a deepening philosophic vision and a focus on key themes of human existence. And all this is achieved in the face of, and without ignoring, the particular conditions of contemporary life. The result is a body of poetry that speaks to us today, and will do so for a long time to come.

UNIVERSITY OF KANSAS

List of Works Consulted

Amorós, Amparo. *Ludiu.* Madrid: Adonais, 1983.

——. *Al rumor de la luz.* Valencia: Zarza Rosa, 1985.

——. *La honda travesía del águila.* Barcelona: Ed. del Mall, 1986. Bilingual edition, with trans. by Laurence Breysse: *La profonde traversée de l'aigle,* Paris: José Corti, 1989.

——. *Quevediana.* Valencia: Poesía, 1988.

——. *Arboles en la música.* Bilingual edition, with trans. by Laurence Breysse. Paris: José Corti, in press.

——. *Visión y destino. Poesía 1982-1992.* Madrid: Ed. La Palma, 1992. (Collected works, including previously unpublished ~oems, which appeared after my study was completed.)

——. "La retórica del silencio." *Los Cuadernos del Norte* ᴈ, 1ᴜ ,ᵢ982): 18-27.

——. "Pensamiento poético y filosofía: la poesía de Jaime Siles, una palabra en vuelo a la totalidad del ser." In Amorós, ed. *Palabra, mundo, ser: la poesía de Jaime Siles.* Málaga: Litoral, 1988.

——. "Dos tendencias características de la poesía contemporánea: la crítica del lenguaje y la poética del silencio." *Zurgai,* Dec. 1989: 18-20.

——. *La palabra del silencio.* Madrid: Universidad Complutense, 1991. (Dissertation)

Castro, Juana. "Amparo Amorós y el necesario lujo poético de la ironía." *Cuadernos del Sur* (Córdoba), Feb. 22, 1990: VII/29.

Hart, Anita. "Amparo Amorós: Challenging and Reaffirming Time." *Monographic Review/ Revista Monográfica* 6 (1990): 170-82.

Jiménez, José Olivio. "De la ausencia a la presencia: una aventura del pensamiento y la imaginación." *Los Cuadernos del Norte* 8, 45-46 (1987): 182-83.

Lucarda, Mario. "De las alas y el aire o la poesía de Amparo Amorós." *Hora de Poesía* 48 (1986): 80-82.

Miró, Emilio. "Una colección y dos poetas: Miguel Martinón y Amparo Amorós." *Insula*, no. 479 (1986): 6.

Requeni, Antonio. "Una poética de la intensidad." (Interview with Amorós). *La Prensa* (Buenos Aires), April 13 1986. p.3.

Siles, Jaime. "La poesía como conceptualización: 'Ludia' de Amparo Amorós." *Insula*, nos. 44 4-45 (1983): 19.

Ugalde, Sharon Keefe. "Conversación con Amparo Amorós." *Conversaciones y poemas*. Madrid: Siglo XXI de España, 1991. 77-90.

Wilcox, John. "Visión y revisión en algunas poetas contemporáneas." In Biruté Ciplijauskaité, ed. *Novísimos, postnovísimos, clásicos: la poesía de los 80 en España.* Madrid: Orígenes, 1990. 95-115.

La mirada femenina de Rosario Castellanos

Margaret Persin

A INTERTEXTUALIDAD COMO concepto general ha sido el enfoque de mucho interés en los últimos años, no sólo desde el punto de vista de la teoría literaria y cultural sino también desde el de la aplicación a textos específicos, como estrategia discursiva y elemento interpretativo clave. Aquí, utilizo una definición bastante ancha del vocablo 'texto': se entiende no sólo como una obra literaria, sino también como cualquier experiencia o realidad que un(a) lector(a) pueda recordar, cualquiera que esté a la disposición de esta persona para afectar sus actitudes, valores, creencias, juicios o prejuicios. Así por ejemplo se puede hablar de una película, o la propaganda comercial, o el discurso de los drogadictos como 'texto' en referencia a la intertextualidad. Por supuesto, la intertextualidad depende de la voluntad del autor o la autora en la creación de significado(s) y también la del lector/la lectora, como recipiente y participante en este proceso creador. El significado que resulta del diálogo entre texto, autor(a) y lector(a) se arraiga en el contexto literario, y también en otro más amplio, el de la cultura en general. Como asevera Jonathan Culler, una obra literaria no debe considerarse como una entidad autónoma y cerrada, una unidad orgánica como la Nueva Crítica norteamericana la nombraba en el pasado, sino como una *intertextualidad* bien estructurada: es decir, secuencias que tienen significado en relación a otros textos que repiten, citan, parodian, refutan o transforman de una manera u otra el texto o textos precedente(s). Se lee un texto sólo en relación a otros textos, y esto se hace posible por los códigos que animan el espacio

discursivo de la cultura (38).

El concepto de la intertextualidad es uno que se presta muy fácilmente a una consideración de la poesía de Rosario Castellanos, gran poeta mexicana de nuestro siglo XX. Cabe mencionar varias de sus colecciones y textos particulares como ejemplos cabales del poder expresivo y alusivo de esta estrategia discursiva e interpretativa. Otros críticos ya han señalado la presencia de mitos tanto bíblicos y clásicos como aztecas en su obra; Rosario cuenta estos mitos desde una perspectiva distinta, sea de la perspectiva del siglo XX, o la de la mujer, o la de otro grupo marginado.[1] Es evidente su re-elaboración en el exquisítamente estructurado "Lamentación de Dido," donde Castellanos presenta su versión de una antigua historia de amor, la de Dido y Eneas, que procede del *Eneida*, el poema épico de Virgilio. Como nota Frank Dauster, este texto es un poema destilado de la experiencia autobiográfica y controlado por el uso de la tradición poética (144). Desde otra perspectiva, se nota la presencia de mitos bíblicos en varios de los poemas de *Trayectoria del polvo*, como por ejemplo el papel de Eva, que en la versión de Castellanos no está condenada al silencio, sino que está dotada de su propia voz: "Mujer, voz radical que hipnotizaba / en la garganta de Eva" (20). Según la versión de Castellanos, la mujer tiene el poder y el derecho de definirse por medio de su voz, por medio de la palabra. Y en su poemario *En la tierra de en medio* evoca las huellas firmemente grabadas de la cultura indígena en la mexicana contemporánea. Se puede notar esta presencia en textos como "Malinche" o "Memorial de Tlatelolco," donde la poeta señala su propio compromiso político y a la vez se apoya en una conciencia de la muerte, la cual conecta su voz con un mundo arquetípico y ancestral.[2]

En este trabajo quisiera considerar tres poemas de Rosario Castellanos que proceden de *Viaje redondo*, la última sección de

---

[1]Ver los artículos de Anderson y Mandlove. Este proceso se ve también en los dramas de Castellanos, "Salomé" y "Judith."

[2]Hay otros ejemplos de intertextualidad en la poesía de Castellanos desde una perspectiva de la cultura en general. Ver por ejemplo tales poemas como "Kinsey Report" o "Telenovela."

Poesía no eres tú, volumen en que se recopila toda la obra poética de la poeta. A mi parecer, estos tres poemas deben considerarse como un conjunto, puesto que aparecen uno seguido del otro en la colección. Además, todos los tres pueden mirarse desde la perspectiva de la intertextualidad, pero desde un punto de vista especial, dado que en estos textos Castellanos utiliza el *ékfrasis*. Por limitaciones de espacio, no se podrá trazar en líneas bien claras y precisas toda la historia de esta técnica discursiva tan creativa. En pocas palabras, el ékfrasis es un tipo especial de descripción donde un(a) escritor(a) describe una obra de arte visual—como una pintura, una urna, una escultura, una estructura arquitectónica—y así intenta transformar la obra plástica en otro objeto, es decir, un objeto lingüístico. Como comenta Diane Chaffee, esta transformación de lo visual a lo verbal causa una confrontación única entre el tiempo y el espacio, entre la palabra y la visión, dentro de una sola experiencia sensorial (313).[3] Además, esta confrontación conduce irremediablemente a una serie de cuestiones en que tanto el/la artista como el/la lector(a) tiene que enfrentarse con la ideología, como se verá en un momento. El ékfrasis, por eso, es un tipo especial de intertextualidad en el sentido de que evoca y trata de re-inventar un 'texto' visual—la pintura, la escultura, una urna, lo que sea—dentro de la obra literaria.

Un aspecto muy interesante en cuanto al encuentro entre lo visual y lo verbal es la cuestión del "género," y aquí me refiero a la definición de esta palabra desde la perspectiva *no* de las clases de obras literarias tales como la novela, el drama, o la poesía, sino desde la de los seres humanos. Como muchos otros críticos ya han comentado, la obra literaria donde se emplea el ékfrasis tiene que enfrentarse con la cuestión ideológica del género, porque el "yo" (el hablante poético y/o narrador) del texto tradicionalmente ha sido el del hombre.[4] El ya bien reconocido concepto de la "mirada masculina" informa y define el punto de vista—sensorial tanto como filosófico—de la obra de arte, y determina el valor estético y erótico

---

[3]Chaffee ilustra su exposición del ékfrasis con muchos ejemplos de la literatura hispánica, utilizando textos de Cervantes, Lope de Vega, Góngora y Borges.

[4]Ver Bernheimer, Caws y Mitchell.

de esta obra de arte. Un artista u observador masculino contempla un objeto hermoso, pasivo y mudo, y muchas veces este objeto tiene la forma de un cuerpo desnudo femenino. Este cuerpo femenino silencioso se convierte en un símbolo del arte, con su poder inherente, su (im)perfección, y su sumisión inevitable pero rencorosa y engañosa a la voluntad del artista u observador (masculinos). ¿Pero qué pasa cuando la obra de arte es el producto de la mano y la mirada de una artista? ¿Cómo cambia el concepto de la mirada y a qué fines? Otro elemento imprescindible es el del lector o la lectora. Como nota W.J.T. Mitchell, la dicotomía tradicional del arte ekfrástico, es decir, lo masculino versus lo femenino, el sujeto creador activo y masculino versus el objeto pasivo, mudo y femenino, es una cuestión central y no periférica, una que el lector/la lectora necesita contemplar, si esta persona ha de llegar a conclusiones sobre la idea "del Otro," "la Otredad," desde una perspectiva social, existencial, y por supuesto, ideológica.

En tres poemas de su *Viaje redondo* Rosario Castellanos adopta la perspectiva de "lectora," ante el concepto de la mirada en cuanto a la obra de arte visual. En cada texto intenta entrar en diálogo con la tradición patriarcal de esta mirada masculina, intenta invertir la relación sujeto activo (masculino)/objeto pasivo (femenino) para poder subvertirla, e intenta destruir la imagen de la mujer cosificada, resultado implícito de esta mirada masculina. Pero en cada caso, se acerca a esta problemática desde una perspectiva distinta. Por ejemplo, en el primero de los tres textos, "Mirando a la Gioconda," la hablante del texto poético da por sentado que la figura retratada, la famosa Gioconda de Leonardo da Vinci que se encuentra actualmente en el Museo del Louvre, París, tiene la capacidad de pensar, razonar y reaccionar ante sus propios espectadores. Ya no es el objeto pasivo y mudo, sino más bien la observadora y locutora de lo que ve a su alrededor, incluso los que la miran supuestamente como objeto 'pasivo' (?) y enmarcado. La Gioconda tradicional del arte visual está enmarcada no sólo por el marco de la pintura sino también por la tradición patriarcal de la mirada masculina que la condena al silencio. El enfoque de este texto no es lo que mira la hablante del texto poético, sino lo que mira la Gioconda; esto es, a su propio/a espectador/a. Por eso, desde el principio de este texto hay dos ejemplos, como mínimo, de la "mirada femenina": la de la hablante, y la de la Gioconda. Castellanos se empeña en darle vida, en convertir lo estático en lo cinético de su representación; habla en apóstrofe directamente a la figura enmarcada en la pintura, para vivificar el objeto pasivo ante nuestros ojos. El primer verso contiene dos frases activas, y además utiliza la forma de pregunta y respuesta para subrayar aún más lo dinámico de esta imagen creada por el pintor Leonardo da Vinci, que hasta este momento ha tenido que ser el enfoque silencioso y humilde de la atención ajena, sin tener el poder de responder: "¿Te ríes de mí? Haces bien" (325). Además la hablante crea un contexto cultural, femenino e intertextual para la Gioconda. Le concede la posibilidad de seleccionar y ubicar lo que ve dentro de ciertos parámetros históricos pero, por supuesto, desde una perspective femenina. Sigue la primera estrofa:

Si yo fuera Sor Juana
o la Malinche o, para no salirse del folklore,
alguna encarnación de la Güera Rodríguez
(como ves, los extremos, igual que a Gide, me tocan)
me verías, quizá, como se ve
al espécimen representativo
de algún sector social de un país del tercer mundo. (325)

También invierte la relación sujeto/objeto en el sentido de que la Gioconda ahora ocupa la posición de poder, como una diosa, y desde esta perspectiva puede mirar "hacia abajo," con el fin de organizar y juzgar todo lo que se tope con su mirada. Repite así la relación creador (masculino)/creado (femenino), pero en este caso el contexto y las referencias son ya femeninas. La mujer se apodera de su propia imagen pasiva, para convertirla en algo activo, interpretativo y creador. Y muchas mujeres participan en este proceso de transformación y transfiguración: Castellanos, la hablante, la Gioconda, la Malinche, Sor Juana y la (in)olvidable Güera Rodríguez.[5] La hablante

---

[5]"La Güera Rodríguez (María Ignacia Rodríguez de Velasco y Osorio Barba, 1778-1851) es una de las mujeres más singulares que vivieron en los últimos tiempos de la Colonia y las primeras décadas del México independiente. Casada tres veces, viuda en dos ocasiones, logró obtener el divorcio eclesiástico, única forma legal de separación que existía en su época. Se afirma que entre sus amores se contaron el Barón de Humboldt y el joven

afirma lo insólito de esta agrupación de mujeres de varios siglos al utilizar una bien pensada variación de la expresión "los extremos *se* tocan," que en este caso se convierte en "los extremos *me* tocan." Es evidente que la mujer como artista se encuentra con la necesidad de apoyarse en casos extremos, marginados, para representar su postura. Pero esta expresión, "los extremos me tocan," también sutilmente hace referencia a lo plenamente autobiográfico del arte poético de Rosario Castellanos.

La hablante, por su parte, interpreta (lee) la sonrisa de la Gioconda como una de burla: la Gioconda es la fuente de sabiduría y se niega a participar en la desvalorización del arte por medio del comercio turístico, un mundo formado y motorizado por el deseo de ganancia. La hablante se identifica como

> una imbécil turista de a cuartilla,
> de las que acuden a la agenica de viajes para que
> les inventen un *tour*. Y monolingüe
> ¡para colmo! que viene a contemplarte. (236)

Otra vez utiliza un vocabulario científico como el que se vio en la primera estrofa, al declarar que La Gioconda

> [...] Burla de mí y de todos
> los que creemos que
> la cultura es un líquido que se bebe en su fuente,
> un síntoma especial que se contrae
> en ciertos sitios contagiosos, algo
> que se adquiere por ósmosis. (326)

Pero en este caso la hablante desea subrayar que la cultura se percibe como un estado especial, con "un síntoma especial." Y para

---

Bolívar, que más tarde se covertiría en el Libertador de América. La Inquisición la sometió a juicio como simpatizante de la Independencia." (*Cuadernos mexicanos*, 1.15: 2). En 1949 Artemio de Valle Arizpe publicó su biografía novelada, *La Güera Rodríguez*, en que narra sus íntimas relaciones con Iturbide.

concluir la consideración de este texto, es de notar que contiene otra inversión: lo que resulta "enmarcado" al final no es la Gioconda, sino la espectadora del texto pictórico, es decir, la hablante del texto poético. La primera y la tercera estrofa tienen como su enfoque principal la Gioconda, mientras la segunda, que se encuentra en el centro del poema, se enfoca en la hablante.

El segundo texto que quisiera considerar se llama "La Victoria de Samotracia," y sigue a "Mirando a la Gioconda" en *Viaje redondo*. En este texto Castellanos evoca la famosa escultura de la Grecia clásica (c. 200-190 a.C.), que también se encuentra en el museo del Louvre.[6]

Avanza como avanzan los felices:
ingrávida, ligera, no tanto por las alas
cuanto porque es acéfala.

Una cabeza es siempre algo que tiene un peso:
la estructura del cráneo que es ósea y el propósito
siempre de mantenerla erguida, alerta.
Y lo que adentro guarda. (326)

El punto de vista cambia en que la hablante de este texto poético

---

[6]He aquí una descripción de "La Victoria de Samotracia" que fue sacada de un texto considerado como 'clásico' de la historia del arte, de H. W. Janson, *History of Art*:

Equally dramatic in its impact is another great victory monument of the early second century, the *Nike of Samothrace*. The goddess has just descended upon the prow of a ship; her great wings spread wide, she is still partly air-borne by the powerful head wind against which she advances. This invisible force of onrushing air here becomes a tangible reality; it not only balances the forward movement of the figure but also shapes every fold of the wonderfully animated drapery. As a result, there is an active relationship—indeed, an interdependence—between the stature and the space that envelops it, such as we have never seen before. Nor shall we see it again for a long time to come. The *Nike of Samothrace* deserves her fame as the greatest masterpiece of Hellenistic sculpture. (120)

Es interesante notar que en esta descripción de la famosa escultura griega ni se menciona la ausencia de la cabeza femenina.

adopta una perspectiva más distanciada. No habla directamente a la figura esculpida en mármol, como se vio en el caso del texto anterior, sino que comenta y describe las características superficiales de esta obra de arte. Y aquí utilizo la palabra "superficial" con un doble sentido: el que tiene que ver con la superficie, tan importante para la escultura en general, y el que se refiere a lo "no muy profundo" desde una perspectiva intelectual. Como se sabe, a esta escultura le faltan la cabeza, y también los dos brazos. Ya no es simplemente una cuestión de la "cabeza hueca" que en la tradición se le ha proporcionado a la mujer, sino una cabeza inexistente. Y es interesante notar que esta escultura "incompleta" en un sentido fisiológico ha llegado a representar la cumbre de la hermosura femenina desde la perspectiva de la mirada masculina: la mujer, sin cabeza, sin brazos, incapaz de pensar ni de obrar.

En su texto poético Castellanos se enfoca en lo que está ausente desde la perspectiva de la escultura, y también desde la de la mirada masculina, es decir, la cabeza de la mujer, y todo lo que esto representa. La hablante juega con esta visión "vacía" pero hermosa de la mujer por parte del hombre; por su tono ambiguo revela que este texto (des)cubre un significado múltiple. Hay un refrán en inglés que dice que "Ignorance is bliss" o "La ignorancia es el contento."[7] En el texto de Castellanos, la mujer se presenta como feliz, ingrávida, ligera, no tanto porque vuela, sino porque no tiene cabeza, y por extensión metafórica, porque no tiene la capacidad de pensar. Es un objeto sexual, cuya importancia reside en su cuerpo, específicamente en su tronco, como receptáculo de todo lo que le impone el sistema patriarcal. La hablante de este texto consigue restituir lo que se le había quitado a la mujer, a la vez que repite la misma técnica de hacer ausente lo más importante. Primero, se debe notar que en contraste con la representación masculina de la mujer, donde se elimina totalmente la cabeza, en las dos estrofas de este texto Castellanos utiliza como enfoque la cabeza femenina. Por eso, de una manera "superficial" y profunda la poeta reinscribe en esta escultura del cuerpo de la mujer, y por extensión, en la mujer en

---

[7]Unos ejemplos del refranero español serían "El contento se hizo para los necios" o "Hay alegrías sosas y tristezas sabrosas."

general, su cabeza y su poder intelectual. Le devuelve su cuerpo íntegro y entero y por consecuencia la posibilidad/capacidad de apoderarse de este cuerpo "completo," incluso la capacidad de razonar. Pero por otra parte también la poeta honra al escultor anónimo y la tradición clásica con la que forma parte "La Victoria," al repetir la técnica de la ausencia que marca la escultura en mármol. En la última estrofa indica que la cabeza existe para contener y razonar, pero nunca nombra específicamente esta sustancia imprescindible, la materia gris del poder especulativo. Menciona "la estructura del cráneo que es ósea" y "el propósito/ siempre de mantenerla erguida, alerta." El silencio de la hablante acerca del cerebro femenino da perfecto reflejo de la gran escultura. El texto poético se comunica al igual que la escultura por medio de la presencia de la ausencia: en el último verso del poema la hablante señala la importancia de lo que contiene la cabeza, es decir, su capacidad intelectual, con las palabras "Y lo que adentro guarda." El lector/la lectora tiene la responsabilidad de llenar el espacio/los espacios en blanco creado(s) en cada texto, ya sea la escultura, el poema, o el otro texto más amplio, el de la cultura patriarcal en general, que le ha negado a la mujer la posibilidad, oportunidad y derecho de pensar y de expresarse.

El último texto que quisiera estudiar dentro del marco de lo ekfrástico es "Comentario al escultor," donde Castellanos subvierte otro aspecto más de la relación sujeto activo masculino/objeto pasivo femenino. En este texto la poeta-hablante retrata al artista mismo, distanciándole y acercándole a la vez; le enmarca con sus palabras en forma verbal, y así le convierte en el objeto de su obra de arte, es decir, el texto poético. Ahora es la figura masculina la que es pasiva, la que tiene que someterse a la mirada femenina:

El que se lamentaba
de hacer su propia estatua con arcilla
que pruebe las materias que nosotros usamos.
Nosotros, es decir, los marginales:
memoria, ensueños, humo, sueño, esperanza. Nada. (326)

Es de notar que este texto es el más breve de los tres, y que consta de sólo cinco versos en total. Además, la poeta no utiliza la técnica de apóstrofe que se vio en "Mirando a la Gioconda," ni tampoco permite que el lector/la lectora funcione como testigo u observador-(a) del trabajo del escultor. Al contrario, el escultor se presenta en estado de *in*actividad, casi de desesperación: "El que se lamentaba." Por eso, en contraste con el proceso que se vio en el poema sobre la Gioconda, aquí Castellanos va desde lo cinético hasta la estático; le encapsula al hombre en su representación, le quita movimiento, libertad, poder, voluntad, así como lo había hecho él, a la mujer como objeto. La poeta-hablante también subvierte la dicotomía de arte/vida desde otra perspectiva. Sugiere que el artista debe intentar su trayectoria creativa utilizando las mismas materias que los demás, como "nosotros, es decir, los marginales." O mejor dicho, indica que el arte *es* vida, y el artista no es tan divino como se pensaba; es (o debe ser) como "nosotros," como los demás. Termina con una referencia intertextual que se remonta al Siglo de Oro y recuerda no sólo un soneto gongorino que termina con "en tierra, en humo, en polvo, en sombra, en nada"[8] sino también uno de Sor Juana, que acaba de una manera muy semejante, con "Es cadáver, es polvo, es sombra, es nada."[9]

En el caso de Castellanos, la materia de la creación suya y de los otros marginales no es la arcilla del artista, sino "memoria, ensueños, humo, sueño, esperanza. Nada." Pero esta "nada" que indica al final no es nada, la nada de la desesperanza y muerte de tantos sueños artísticos de tantos marginados, sino que es un algo sumamente radical e importante. La palabra se inicia con letra mayúscula, aparece dibujada en blanco y negro en la página, y es la sustancia misma del texto poético. De esta manera desconstruye totalmente el significado de la palabra "nada" en sí y también el de la mujer como objeto pasivo y silencioso (y marginal) del arte, sea ésta visual o verbal. Los textos ekfrásticos de Castellanos reaccionan en contra

---

[8]Luis de Góngora, "Soneto CLXVI," cuyo primer verso es "Mientras por competir con tu cabello." El poema describe a una mujer bella.

[9]Sor Juana de la Cruz, "A un retrato," cuyo primer verso es "Este que ves, engaño colorido." También ofrece al lector/la lectora un retrato de una mujer bella, pero esta vez es un autorretrato de la poeta, quien desea desmentir unos elogios de su aspecto físico, los que considera vanidosos.

del patriarcado y sus textos, donde por medio de la "autor"-idad
masculina la mujer se subordina, donde no puede establecer,
expresar, retratar su autonomía. De lo intertextual y lo ekfrástico es
un paso muy corto a lo metapoético.

Estos tres textos ekfrásticos de Rosario Castellanos ilustran el
proceso creador de la mujer, e incorporan la inversión más significa-
tiva de la dicotomía sujeto/objeto. Por medio de estos textos Rosario
se concede a sí misma vida y voz, se convierte en sujeto activo que
contempla y entonces crea, que mira y después escribe, pero desde
una perspectiva femenina.[10] Los tres textos en conjunto comunican
la postura y la voz de la mujer artista. Es interesante notar la imagen
enmarcada por la mirada femenina: "la victoria" queda en el centro,
la victoria del cerebro femenino. El retrato que sale al final es en
realidad un autorretrato de Rosario Castellanos como artista.[11] Muy
irónicamente, utiliza como punto de partida la mirada masculina,
para crear otra que se basa en la percepción y experiencia de la
mujer. A la vez señala que la mujer-sujeto no tiene que divorciarse
completamente de la gran corriente cultural que puede servir de
cuna y cuña en su formación como artista. Es más, sus textos
funcionan como un contrapunto y "contra-voz" a la tradición del
"no-ser" de la mujer, traducida en la pasividad del silencio o en el
mármol virgen que responde a la mano de Pigmalión.[12] En fin, en
estos tres textos, Rosario Castellanos se retrata a sí misma, también
retrata de dónde ha venido la tradición artística y apunta hacia
dónde debemos proceder; es decir, hacia un pleno reconocimiento y

---

[10]Ver el excelente libro de Jean Franco, *Plotting Women*, donde se
describen los esfuerzos de varias autoras mexicanas por inscribirse en la gran
narrativa social de la historia mexicana, no como víctimas pasivas sino
como agentes activas. Rosario Castellanos es una de las autoras cuya obra
Franco considera.

[11]Un marco que Castellanos misma creó para su trabajo como escritora
consta de su tesis de maestría que llevaba el título de *Sobre cultura
femenina* (1950), en que examinaba la cuestión de una cultura femenina; y
el discurso pronunciado en el Museo Nacional de Antropología e Historia,
"La participación de la mujer mexicana en la educación" (1971), en ocasión
del Día de la Mujer. Ver también los artículos de Ocampo, Poniatowska y
Salgado.

[12]Ver el excelente artículo de Gubar.

aprecio de la creatividad y originalidad de la mujer artista, con una mirada y visión distintas de las del hombre, pero no menos válidas y valiosas.

RUTGERS UNIVERSITY/NEW BRUNSWICK

Lista de obras consultadas

Anderson, Helene M. "Rosario Castellanos and the Structures of Power." *Contemporary Women Authors of Latin America*. Eds. Doris Meyer y Margaret Fernández Olmos. Brooklyn, NY: Brooklyn College P, 1983. 22-32.

Bernheimer, Charles. "Manet's *Olympia*: The Figuration of Scandal." *Poetics Today* 10.2 (1989): 255-78.

Castellanos, Rosario. *Poesía no eres tú*. México: Fondo de Cultura Económica, 1972.

Caws, Mary Ann. *The Art of Interference: Stressed Readings in Verbal and Visual Texts*. Princeton: Princeton UP, 1989.

Chaffee, Diane. "Visual Art in Literature: The Role of Time and Space in Ekphrastic Creation." *Revista Canadiense de Estudios Hispánicos* 2.3 (1984): 311-20.

Culler, Jonathan. *The Pursuit of Signs*. Ithaca: Cornell UP, 1981.

Dauster, Frank. *The Double Strand: Five Contemporary Mexican Poets*. Lexington: UP of Kentucky, 1987.

Franco, Jean. *Plotting Women: Gender and Representation in Mexico*. New York: Columbia UP, 1989.

Gubar, Susan. "'The Blank Page' and the Issues of Female Creativity." *Writing and Sexual Difference*. Ed. Elizabeth Abel. Chicago: U of Chicago P, 1982. 73-93.

Janson, H. W. *History of Art*. Englewood Cliffs, NJ: Prentice- Hall, 1962.

Mandlove, Nancy. "Toward the Ransom of Eve: Myth and History in the Poetry of Rosario Castellanos." *In Retrospect: Essays on Latin American Literature*. Eds. Elizabeth S. y Timothy J. Rogers. York, S.C.: Spanish Literature Publishing Co., 1987. 68-84.

Martínez Kleiser, Luis, compilador. *Refranero general ideológico español*. Madrid: Editorial Hernando,1978.

Mitchell, W.J.T. *Iconology: Image, Text, Ideology*. Chicago: U of Chicago P, 1986.

Ocampo, Aurora M. "Debe haber otro modo de ser humano y libre: Rosario Castellanos." *Cuadernos Americanos* 250.5 (1983): 199-212.

Poniatowska, Elena. "Rosario Castellanos: rostro que ríe, rostro que llora." *Revista Canadiense de Estudios Hispánicos* 14.3 (1990): 495-509.

Salgado, María A. "El 'Autorretrato' de Rosario Castellanos: reflexiones sobre la feminidad y el arte de retratarse en México." *Letras Femeninas* 14.1-2 (1988): 64-72.

Reading the Poetry of Federico Patán
(for Frank and Helen Dauster)

JOHN S. BRUSHWOOD

rior to his sharing the Villaurrutia Prize with Sergio Galindo in 1986, Federico Patán was probably recognized most frequently as a prolific literary scholar/critic.[1] The publicity adhering to the award of this coveted prize focused attention on his versatility. Although his novel and a volume of short stories published a year earlier exemplify his recent fascination with the act of narrating, the year 1986 marked the twenty-first anniversary of his first volume of poetry. Between 1965 and 1986, Patán published six volumes of poetry, some of them slender, but amounting to a total of two hundred and fifty to three hundred pages. Since 1986, he has maintained a principle interest in narrative; nevertheless, *El mundo de Abel Caínez*, his seventh volume of poetry, appeared in 1991, and another collection, entitled *Umbrales*, is under editorial consideration as this essay is being written.

Patán's poetry is often very "writerly." The speaking voice not only grants readers a wide range of understanding, the "I" appears

---

[1] The prize for the novel was awarded to Patán's *Ultimo exilio* and Galindo's *Otilia Rauda*. Patán frequently publishes reviews in *Sábado*, the literary supplement to *UnoMásUno*, and other periodicals. He also studies and writes on United States literature. He teaches literature at the Universidad Nacional Autónoma de México.

also to leave a certain space by his side to be occupied by a reader. The effect is not quite like an invitation to speak for the "I," but rather to allow one the opportunity to experience the same emotion. An early example of this effect is the elegaic "A Gonzalo," in *Del canto oscuro*: "Sólo sé que la noche/ se quebró en dos mitades,/ rota por un cuchillo de llanto./ La muerte llegó callada,/ me dijeron" (11). Farther along in the poem, the first person of "me dijeron" transforms into a second-person "nos." This shift might be taken to invite reader participation, but actually the initial imagery is so strong and so universal, a reader is likely already to have taken part in the creation of the experience, and so feel himself already joined to the "I" when that entity includes others by using the plural. This poetic phenomenon, admittedly more instinctively felt than demonstrable, is especially effective in the appreciation of two major aspects of Patán's poetry: solitude and the discovery of self, the latter intimately related to the very making of poems and to the wide range of form in this body of work.

Patán recognizes his first volume of poetry as a collection of youthful pieces, and so they are, not in the sense of being naive or in any way inadequate, but because the poet (fairly consistently throughout the volume) is identifying himself, recognizing his aloneness, and then moving into a love relationship. *Del oscuro canto* makes an essential base, a very satisfying one, for reading Patán's work. The poems are divided into three sections, titled "Del origen," "De la soledad," and "Del amor."[2] The first poem, "Agosto" (chosen, presumably, by Patán to be the first piece read by his unknown reader), projects a speaker acutely aware of being separated from the joy (?) of childhood. The month of August functions as a metaphor for an experience that is clearly unpleasant: "Agosto tiene

---

[2]The poems of the first section are related to Patán's background. He was born in Spain in 1937 and came to Mexico when he was two years old, part of the great immigration of Spaniards that was produced by the Spanish Civil War. The significance of exile is one of the several nuances pertaining to *soledad* as it is used in Patán's poetry. This condition is one experienced by the author in contact with adults who were exiles; it also appears in his fiction, especially *Ultimo exilio*.

los ojos grises/ y el rostro acuibarbado" [wet with the August rain or
with tears from those gray eyes] (9).

"Agosto" has thirteen lines plus a fourteenth that is separated
from the rest, as a different stanza would be separated. Following
the opening statement, the voice discovers that in August, returning
is not easy, and then refers to objects associated with childhood.
Then August came (with its gray eyes and damp cheeks): "Y el
asfalto se llenó de reflejos/ y los niños, descalzos,/ fragmentaron la
calle con sus saltos" (9). One feels quite apart from the children, and,
indeed, the reader has by now joined (replaced?) the speaker in this
loneliness. The reference to wet asphalt suggests a commonly
experienced feeling of urban loneliness—the city as an alienating
phenomenon—a suggestion found in other poems where *soledad*
connotes loneliness (not solitude in the sense of tranquillity, but the
ache of being alone, even with other people in sight).[3] The final,
fourteenth line is a summary statement: "Agosto es un largo
monólogo olvidado" (9).

In "Dos campos," the speaker refers to his Spanish background
and to the civil war, identifying himself forcefully: "soy un hijo
bastardo de la guerra/ y del silencio" (10). Such moments of self
identification—they are frequent—ultimately become, in a reading of
Patán's work, more an awareness of the speaker's being than an
effort to differentiate himself from others. In the second section of
the book, "De la soledad," he is aware of himself as solitude (or
possibly better, loneliness). In "De dolor y magia y otras cosas," "soy
una soledad que se medita" (25). But there is much more to this
awareness, because the voice also says, "Soy un dolor que ha
encontrado su tiempo/ soy una larga sangre que ha vivido mil lunas"
(25). One hears something more than the voice of a single "I." It
seems, rather, to assume the qualities of a multiple entity, e.g.,
those of the exile community. Patán's reader, placed beside the

---

[3]In his autobiographical *De cuerpo entero*, Patán notes that he lived in
the provinces until the end of 1945, when he would have been in his ninth
year (5). *De cuerpo entero* is the generic name of a series of autobiographical
texts by contemporary Mexican writers, published by the Universidad
Autónoma Nacional de México.

speaker, refers to community, time and endurance. Patán makes effective use of repetition, as in the case of "soy" in this poem. One is inclined even to wonder if these three awarenesses of "soy" could be metaphors of each other, so enriching the meaning of *soledad* in Patán's work.

Repetition seems always useful to this poet, and its uses are varied. Sometimes the repetitions remind one of Pablo Neruda's poems in which he appears to search for the most desirable metaphor. In Patán's work, these series sometimes accumulate without appearing to change the basic search. At other times, they vary in connotation, or may increase gradually in intensity. In "A veces el silencio," each of the four stanzas begins with the exact words of the poem's title, and silence changes characteristics, or acquires additional ones, in each stanza.

Solitude seems considerably modified in the third section, "Del amor": "Mujer de mis senderos/ tibia mujer que beso en la penumbra,/ tibia mujer que al fuego quemas/ con la tranquila premura de tu cuerpo,/ mi media soledad se muere a medias/ cuando miro en mis manos tus recuerdos" (35). Obviously, the poet in love experiences life in a different perspective. Rather astonishingly, if one remembers the image of *agosto* in the collection's first poem, the voice now says "Tibia mujer de agosto" (35), indicating that the personal circumstance has changed. This poem, "Con la voz más secreta," is one of several that refer to the poetic voice itself. *Del oscuro canto* closes with "La voz definitiva," a poem that seems to conclude the search for that "voz de mi voz" (23). Herein exists the joining of voice and beloved: "Si eres a mi silencio la palabra,/ eres mi voz entonces que me habla..." (42).

The presence of *soledad*, along the entire trajectory of Patán's poetry, is interwoven with the poet's awareness of self through the medium of poetry, and this connection to the making of poems relates thematics to the question of form. In general, patterns are irregular in *Del oscuro canto*, but rhythmic lines abound. Patán's use of repetitions and of alliteration confer upon his poems a certain effect of formality even though the versification may not be strict. In "Muerte que llegará," the first poem of his second volume, *Los caminos del alba*, a careful structure accompanies an interesting variation on the *soledad* motif. In this poem, we experience solitude as a quality of individual independence, rather than as the more intimately emotional loneliness of the earlier collection. The key affirmation is "Mía es la soledad" (5).[4] This statement begins three of the poem's five stanzas, which might well be called paragraphs because of the way they are structured. The first stanza states "Mía es la soledad,/ nadie la toque"; the second, "Mía es la soledad/ y en ella crezco." The following lines of each stanza develop the idea expressed in the first two. The fourth stanza begins with the same statement, but an important third stanza intervenes, functioning as a kind of bridge between the first part of the poem and the second part. The bridge is a recognition of death, of how death is related to solitude, and of resistance to dying. Then the fourth stanza returns to the basic motif, the claim: "Mía es la soledad y en ella miro/ (fuego y metal) el tiempo y la palabra" (6). Solitude has become a mirror that looks out on a totality (fire and metal, time and word). The voice reiterates the basic claim before closing the stanza, then adds two lines as a fifth, concluding stanza, that make solitude radically the speaker's condition. It is almost as if solitude had become a material possession. But rather than an object, one feels it to be a space that is occupied by the speaker (also the reader), from which one views (comprehends) the interplay of creativity, duration and destruction.

"Biografía en segunda persona" (15) makes an interesting companion piece to "Muerte que llegará," with regard to structure, because "Biografía" is composed of five quatrains made of very carefully measured lines in assonantal rhyme *abba*. Thematically, the poem plays on the failure of intuition and imagination to produce what is intuited or imagined. One can read these verses as the failure of poetry, but paradoxically, the poem does produce, via its own existence, exactly what is intuited, and ends with the awareness of death expected (la muerte que llegará): "Presentiste que un día, de meditar la sombra,/ la sombra sembraría de caminos la niebla,/ de ocultas latitudes gestándose en la ronda/ de un hombre

---

[4]The pages are not numbered in this volume. I count beginning with the first sheet after the inside cover. "Muerte que llegará" is the first poem.

que vigila donde la muerte espera" (15).

In casual conversation, Patán says that form, far from being a primary consideration on his part, is dictated by the circumstance, presumably the combination of theme, context and repertory. For whatever reason, one does notice an increasing strictness of form in his second volume. He did not publish another volume until 1980, when *Fuego lleno de semillas* appeared. However, he wrote poetry occasionally during this period, whenever his labors as a translator allowed.[5] The continuity is apparent. An almost flirtatious variability in form continues; there are several sonnets in the collection, some use of very short lines (skinny poetry), and much use of repetitions. One looks for some relationship between this variable formalism and the meanings of solitude. In *Fuego lleno de semillas*, solitude is not concentrated with respect to a single person, but always in connection with the beloved, her presence or absence. "Violenta, inútil soledad" (15) says almost all of it in the title. Repetitions are fundamental here—of "violenta," "inútil" and "vagamente aguardando." "Reencuentro" (26) is more restrained (more formal) and also more lyrical.

Fuego lleno de semillas is a collection of love poems, but of a very special nature because, beyond the emotions of absence and presence, the poems deal with the phenomenon of growing old together. Such thematic material could easily become maudlin, but Patán saves it by strong, original imagery, for example, a quatrain from "Mujer, envejecemos": "Mujer, envejecemos./ He sembrado tus días en mis días/ como el viento su voz/ por la mañana en las casas vacías" (50). This poem is of fundamental importance among those that allude to the passing of life and, more specifically, the inevitability of death. The title sentence is repeated four times in the development of the poem, emphasizing the basic idea and summarizing the effect of imagery. Familiarity produced by this repetition tends to place the reader beside the speaker. The first two stanzas employ images directly associated with aging. In the third, the voice refers to one's own departure, by death, so leaving the

---

[5]This information is contained in a letter from Patán, dated *30 de noviembre de 1991.*

other alone. Here is one of the few references to solitude, or loneliness, in this volume: "Sola, sabrás de esta ruptura, pues/ los árboles encogerán sus ramas/ por no rasgar los lentos/ adioses de la lluvia" (50). In the fourth stanza, the voice confesses a sort of betrayal, using her *cabellera* as the victim of betrayal, and referring back to a complicated image, in the first stanza, that is centered on *tu pelo*.

Patán has stated that the poems of *A orillas de silencio*, like those of *Fuego lleno de semilla*, were made during the period 1968-1980.[6] Since he made two different collections of poems written during those years, it is doubly difficult even to imagine a trajectory of his poetic enterprise during that period; on the other hand, one can observe that the poems of *A orillas del silencio* are less classical in form, and are nevertheless (or perhaps appropriately?) more concerned with the act of making poems, though still with considerable emphasis on the beloved's presence and also on the inevitability of death. In some of these poems, the voice seems to create itself, not in the sense of bringing to life a generic human being, but rather in the becoming of a poet—e.g., "Génesis del poeta" (9-10) and "Notas en torno a un oficio" (11-12). The metapoetic factor enhances the relationship between reader and creative voice. Two lines in the latter poem make it especially "writerly": "Se es minero de soledad perpetua,/ perpetuo cazador del horizonte" (12). Two other important aspects of Patán's poetry also appear in these lines: the reference to solitude, and repetition (*perpetua/perpetuo*).

In "Poeta bajo la lluvia" (13-14), the voice distances itself—from its context, not from the reader—by using infinitives. Rain itself has a negative value that takes us back, once again, to that first poem, "Agosto." A diminishing image ("un ave a gotas luz, silueta, nada"), at the end of the second stanza, leads to the first line of the third: "A fin de cuentas nada." But the persistence of sensing reality comes out in infinitives: "Meditar a solas la tristeza," "Rondar el núcleo vano de la tarde," "tomar la lluvia, hacerla melancólica," "Morir de no ser nada/ es morir muy de veras." "Del viejo morir," possibly the

---

[6]Letter dated *30 de noviembre de 1991*.

most significant poem of this volume, evokes again that special urban solitude of "Agosto": "Silencio y soledad. Seguramente/ vacilará tu paso/ y algún intento harás de no quedarte/ con los ojos en lluvia/ mirando el viento a trozos por la calle" (15).

One's initial encounter with *Del tiempo y la soledad* is disconcerting because the book is a collection of twenty-four sonnets. Even though Patán's reader may have noticed earlier a tendency toward classical form, the consistency of this volume surprises. However, there is much more here than formal symmetry. In the act of conforming to these restrictions on expression, the poet seems to identify himself, to relate the poetic act to creation of self, to discover in poetry (in the making of poetry) a wholeness of self-identity, love, the world. "Crecerse en la palabra" (7) is the key poem. There is an entity "aniquilado en esa unión que un trazo/ de tiempo aísla donde el yo concluye." The word is a function for which the voice wishes to find a name ("puente" may be the best): "La palabra me abate y me construye," and finally, "Crecerse en la palabra es lo infinito." One might say that the voice has created the poet, or that making the poem has translated the voice to an incomprehensible level.

Almost as important is "Se me va...," a sonnet that identifies the author as a connoiseur of literature; it may recall the work of any of several baroque poets, and for this reader, is especially reminiscent of the "pre-baroque" Fray Miguel de Guevara's "El tiempo y la cuenta." Quoting the entire sonnet is the only possible way to show the relationship of linguistic *préciosité* to concept.[7] The second

---

[7]Se me va la memoria haciendo olvido
y olvidos la memoria me va dando,
y al caminar al polvo voy asido
y el polvo, al caminar, me va dejando.
El paisaje me mira si transido
de paisaje el paisaje voy mirando
y paisajes invento que ya han sido
y me inventan paisajes si los ando.
Y si al agua me acerco por mirarme,
ojos me miran de caminos plenos
y plena el agua pasa al caminarme.

quatrain is especially effective in its revelation of the reciprocal action of observer and observed, even to the point of mutual invention. It might be reasonable to relate this poetry to Patán's Spanish heritage.[8] However, it is important also to note that recent Mexican poetry has tended toward formal patterns, probably as a part of the general cultural nostalgia.

Imágenes is almost a counterpoint to *Del tiempo y la soledad.* The experience here is based primarily, almost wholly, on imagery that transforms gradually as the poem develops. The meaning of the poem is this process of alteration. For example, "Un paisaje de miseria:/ camino./ La sombra del viento bate puertas/ y un aullido de tiempo penetra/ preciso" (23). Now notice the transformation in the second stanza: "Un suave paisaje de miseria/ camino/ y la sombra, viento, bate puertas/ y un aullido de tiempo violenta/ mi ritmo." The landscape has become more than a preface; it is now associated with the voice, and the action ("camino") is related to the "sombra," and "sombra," in turn, has transformed into an appositive of "viento," so it is no longer the shadow of the wind that breaks open the doors, but the wind itself, which is also shadow. And the wailing of time ("aullido de tiempo"), instead of sharply penetrating, now breaks my rhythm ("violenta mi ritmo"), a condition far more intimately associated with the voice than in the first stanza.

Some indefinable, elusive quality adheres to the imagery of this volume. Anamari Gomís, in her preface to a volume of selected works by Patán, compares one of the poems from *Imágenes* to an Escher engraving.[9] However, the familiar poet is also present,

---

Y quiero entonces un puñal de horas
con que rasgar del tiempo los venenos:
vestir quiere mi engaño sus demoras.

[8]Susana Rivera, in the introduction to her anthology, *Ultima voz del exilio,* writes about the Spanish-Mexican poets who were the children of exiles. I believe Patán is less affected by their general characteristics than most of the generation, but a sense of roots is unquestionable, and the motif of solitude is probably related also to this personal condition.

[9]The preface is brief, and concerns Patán's work as novelist and critic, as well as his poetry. So the analogy is not detailed; nonetheless it is highly suggestive.

recognizable in the importance of repetition and in the references to solitude. In "El camino y el andar" (9), alteration of punctuation in the first lines of three stanzas controls the meaning of the poem: "[¿]Soledad? Con soledad"; then "¿Soledad con soledad?"; and finally, "Soledad con soledad." In the process, "el camino y el andar" become "soledad," and one understands this "soledad" to have more than one connotation (solitude and loneliness?).

Approximately five years passed between the publication of *Imágenes* and the appearance of *El mundo de Abel Caínez* in 1991. The author's *De cuerpo entero* was published in the same year, and he points out, in commenting on his poetic trajectory, that he has written much less poetry since the publication of his first novel. He adds, "Los poemas de hoy día buscan la complejidad en la sencillez, y exploran mucho las relaciones entre el mundo y la conciencia que lo recibe mediante los sentidos" (43). Many of the poems in *El mundo de Abel Caínez*, if not the whole collection, conform to this description. The title itself suggests a specific outwardness, reference to what the observer sees, plus the ambivalence of destroyer and destroyed in the name. The title poem does indeed discover complexity, converting time, specifically pointed out as year's end, into organic matter through earth's benevolent chemistry. One senses both wholeness and continuity.

One section of the volume is entitled "La ciudad," and the second is "La palabra," obviously two basic themes in Patán's work. The city poems take us back to his earliest work, but now with a far more mature voice and complete security regarding form. Objects and persons are observed, and at first the reaction seems minimal, only to take on major importance as one occupies a position by the speaker's (viewer's) side. One notes the habits of an unknown (but familiar) individual and notes an irregularity ("El sábado de una calle"), or the scene in a park becomes concentrated on a child who, scolded gently by his mother for getting dirty, simply goes back to playing ("Vuelve el niño a sus juegos"). This minor incident breaks, albeit ever so slightly, the sense of lethargy accomplished by repetitions that repeat the same words with changes in punctuation. In some poems, urban imagery is highly suggestive: "El neón, horóscopo sedentario," or "seres cabeza abajo cuelgan de los balcones/ como lázaros" (16). These, and others, are pictures that go beyond the visual to involve our other senses and our intellect.

Patán's poetry is never long without reference to use of the word, and in this volume, "Esto es escribir" reveals, in a very careful structure, that the poetic enterprise is interminable. And so, in spite of his current interest in narrative prose, he continues writing poems. A collection entitled *Umbrales*, now under editorial consideration, seems autobiographical in a special way; the titles contain dates (years) to which the poems refer.[10] The poems are not narratives, but the sense of moments captured and retained. Patán writes very effectively when he evokes past experience. Late in 1989, he published a prose reminiscence, "Perote," about his childhood, set in 1942.[11] The gentle but searching evocation of emotions in this piece is very similar to the effect created by the poems of *Umbrales*.

Throughout Patán's poetry, one often senses a voice evoking its own persona, sometimes creating it, and always—or almost always— with that space beside the speaker that allows readers to be the voice along with the poet. The wide spectrum of form and the special language effects contribute to this creating, this invention. Looking back on the reading of Patán's poetry, it is easy to hypothesize, but not really prove, that form is freer when solitude is intense and self-awareness elusive; then as these two conditions become less urgent, form becomes stricter, only to become freer again as the security of self-awareness (the voice evoking its own persona) is established and we become aware of an inevitable, constant solitude that must forever be the poet's fate when he seeks to extend language in order to say the things that burn inside.

UNIVERSITY OF KANSAS

---

[10]A copy of the typescript of this collection was furnished me by the author. Since the title page bears the date 1990, one assumes it has been under consideration for a considerable length of time.

[11]Perote is a small mountain town between Puebla and Jalapa, in the state of Veracruz.

List of Works Cited

Gomís, Anamari. "Presentación" in Federico Patán. *Dos veces el mismo río*. México: SEP/INBA/PANGEA, 1987.

Patán, Federico. *Del oscuro canto*. México: Ecuador 0 0'0," 1966.

——. *Los caminos del alba*. México: Ecuador 0 0'0", 1968.

——. *Fuego lleno de semillas*. México: UNAM, 1980.

——. *A orillas del silencio*. México: UNAM, 1982.

——. *Del tiempo y la soledad*. México: Editorial Oasis, 1983.

——. *Imágenes*. Xalapa: Universidad Veracruzana, 1986.

——. "Perote." In *Universidad de México*, #467 (Dec., 1989).

——. *El mundo de Abel Caínez*. México: UAM, 1991.

——. *De cuerpo entero*. México: UNAM/Corunda, 1991.

Rivera, Susana. *Ultima voz del exilio*. Madrid: Ediciones Hiperión, 1990.

Dos imágenes de vanguardia en la poesía de Borges, Huidobro, Apollinaire y Guillermo de Torre: el "avión" y la "luz eléctrica"

RENÉ DE COSTA

A VANGUARDIA DE los años veinte, la vanguardia que hoy llamamos "histórica," surge en un ambiente de guerra y de militancia. Guerra real, la de 1914-1918, y guerra estética la del Cubismo, Futurismo, Dadá y Surrealismo; en España y en América la misma militancia impulsará el Creacionismo, el Ultraísmo, el Estridentismo y una larga sucesión de otros "ismos" cuyo campo de batalla será cada vez más local.

En el mundo hispanoamericano, Huidobro es el primero que se levanta en armas contra el orden establecido, el verbomotorismo, en un temprano capítulo de *Pasando y pasando* (1914), una suerte de "guerra al cliché":

Dejemos una vez por todas lo viejo. Guerra al cliché.

Que ya no haya más mujeres humildes que se ocultan cual la violeta entre la hierba. Que ya no vuelen más las incautas mariposas en torno de la llama. ¡Por Dios! ¿Hasta cuándo?

Que si hay una alma no sea *blanca* y *pura*, sino cualquier otra cosa.

Que si hay una montaña no sea una alta o encumbrada cima.

Es preferible que sea una montaña que dialoga con el sol o con

pretensiones de desvirgar a la pobre luna. Todo menos alta o encumbrada...
Si no se ha de decir algo nuevo, no hay derecho para hacer perder tiempo al prójimo.

Borges, promotor de la vanguardia en España y en Buenos Aires, hará lo mismo en otro ensayo igualmente militante, "Ejecución de tres palabras," arremetiendo contra los conocidos emblemas del Modernismo: *inefable, misterio* y *azul*. El texto, publicado en varias revistas antes de ser recogido en *Inquisiciones* (1925), sintetiza en tres términos lo que antes eran cuatro en la "Proclama" de *Prisma*, su ingeniosa revista "mural" de 1922. Allí se lee:

> Los poetas sólo se ocupan de cambiar de sitio los cachivaches ornamentales que los rubenianos heredaron de Góngora—las rosas, los cisnes, los faunos, los dioses griegos, los paisajes ecuánimes y enjardinados—y engarzar millonariamente los flojos adjetivos: *inefable, divino, azul, misterioso*. ¡Cuánta socarronería y cuánta mentira en ese manosear de ineficaces y desdibujadas palabras...

Lo que querían Borges y Huidobro—y tantos otros militantes del momento—era un lenguaje nuevo, moderno, libre de clichés. Y lo lograron, aunque en algunos casos engendraron poemas nutridos de imágenes tan nuevas, tan modernas que nadie los entendía. Nadie, salvo ellos mismos y sus compañeros-contrincantes de la vanguardia, familiarizados todos con el código de esta nueva manera de poetizar las cosas, de visualizar lo nuevo con ojos nuevos. Las cosas nuevas pronto dejarían de serlo, pero un poeta, un poeta creador de la vanguardia siempre podría verlas con visión renovada y renovadora.

Tomo como ejemplos dos imágenes, dos signos de la época: el avión y la luz eléctrica. La aviación, apenas existente antes de la primera guerra mundial, fue para el final de ella su símbolo mayor, su condena y salvación con los bombardeos aéreos y los combates de los caza-aviones. La luz tenue de las farolas de gas que matizaban las calles tenebrosas del Modernismo fue de pronto reemplazada por la luz eléctrica y las brillantes marquesinas publicitarias de los grandes bulevares; la carta postal por el marconigrama (hoy telegrama), y después el teléfono. Todo pasó tan rápido como la vanguardia misma, que en muy poco tiempo se extinguió, dejando apenas un vago recuerdo de su fugaz furor y de su feroz militancia.

Por eso, para entender la vanguardia ahora, a medio siglo de distancia, es necesario hacer una labor de arqueología literaria, desenterrándola capa a capa para poder apreciar sus sucesivas novedades, y no con ojos de hoy, sino con los de ayer, del ayer no más de la historia.

Excavando en el pasado, leyendo la primera poesía ultraísta de Borges, publicada en Mallorca en 1921, tropiezo con los siguientes versos herméticos, de un poema titulado "Catedral": "La catedral es un avión de piedra/ que puja por romper las mil amarras." Y en otro poema, del mismo año, de tema político y titulado "Gesta Maximalista," publicado en la flamante revista *ULTRA*: "Uncida por el largo aterrizaje/ la catedral avión de multitudes quiere romper las amarras." La semejanza entre las dos imágenes (catedral > avión/amarras), que proceden de poemas bien diferentes en contenido, no es atribuible al azar, ni tampoco a un afán por la repetición, ni aun menos al hermetismo. Borges sabía lo que estaba haciendo, y nosotros también podemos saberlo cuando contextualizamos los versos y los poemas reinsertándolo todo en su ambiente cronológico *real* y *literario*.

El primer poema, o sea "Catedral," se publicó originalmente en la revista *Baleares*. El texto completo es así:

Las olas de rodillas
Los músculos del viento.
Las torres verticales como goitos.
La catedral colgada de un lucero.
La catedral que es una inmensa parva
con espigas de rezos.
Lejos.
Lejos
los mástiles hilvanaban horizontes,
y en las playas ingenuas
las olas nuevas cantan los maitines.
La catedral es un avión de piedra

que puja por romper las mil amarras
que lo encarcelan.
La catedral sonora como un aplauso,
o como un beso. (el énfasis es mío)

Estos versos, algo herméticos para un lector actual, tenían que haber sido perfectamente comprensibles para el destinatario de la época, el lector de la revista *Baleares* de Palma de Mallorca cuya catedral se alza sobre un peñasco al borde del puerto como si estuviera a punto de alzar el vuelo. En este contexto se entiende su arranque: "las olas de rodillas/ los músculos del viento/ las torres verticales como goitos/ la catedral colgada de un lucero."

Pero, para comprender la imagen nuclear—la catedral como "un avión de piedra"—hay que recurrir a otro contexto y no al ingenuo, el del salvaje que viendo un avión en el cielo lo llama un "pájaro de hierro." No; para entender esta imagen hay que cavar más hondo para llegar a su coetáneo contexto cultural, el contexto de la vanguardia literaria con su caudal común de imágenes, su "olla común" de compartida imaginería de lo nuevo.

Con esto llegamos a Huidobro. Hacia el final de *Hallali*, un poema largo sobre la guerra que publicó como libro en Madrid en 1918, justo antes del Armisticio, hay la siguiente imagen de un combate aéreo:

LES AÉROPLANES
De quel cimetière de héros
sont envolées ces croix?

(Los aeroplanos
¿De qué cementerio de héroes
han levantando el vuelo estas cruces?)

¿*Cruces volando*? Pues sí: la imagen del recién inventado avión, cuya silueta es como una cruz en el cielo. Una variante de la misma imagen—del avión como una cruz—se encuentra en *Ecuatorial*, otro poema largo de Huidobro sobre la guerra, y también de 1918, sobre los temidos bombardeos aéreos, y que termina así, triunfante, con la aparición en el cielo de los caza-aviones, de un avión de combate:

Hacia el solo aeroplano
Que cantará un día en el azul
Se alzará de los años
Una bandada de manos

CRUZ DEL SUR
SUPREMO SIGNO AVIÓN DE CRISTO (el énfasis es mío)

Imagen casi telegráfica, ésta del final, anunciando la llegada del avión Salvador como una especie de Segunda Venida: "CRUZ DEL SUR/ SUPREMO SIGNO/ AVIÓN DE CRISTO."

Ahora bien, volviendo al poema de Borges, vemos que la imagen central, la imagen más desconcertante por ser tan extremadamente oximorónica, es la declaración: "La catedral es un avión de piedra." La catedral, claro, es de piedra, pero "avión de piedra" parece un disparate, una contradicción terminológica. Contradicción, sin embargo, que se aclara recurriendo a la tradición y a la vanguardia, e incluso a la tradición de la vanguardia: de ir re-escribiéndo la literatura anterior, vanguardizándola más.

Aquí Borges, siempre el erudito, ha logrado superar a Huidobro, "ultraízando" la imagen del avión como símbolo de Cristo. Sabemos que el sujeto del poema es la catedral de Palma de Mallorca, y que esta construcción gótica, como todas las iglesias de la época, es un tabernáculo de Cristo cuyo trazado de planta tiene la forma de una cruz: la llamada cruz latina, cruz de la cristiandad, cruz que Dios en los cielos puede ver como el signo de Cristo. Cruz que Huidobro lee como "avión de Cristo"; cruz que Borges reinterpreta como "avión de piedra."

Esta cadena de asociaciones tiene muchos eslabones: históricos, culturales y literarios. Borges actualiza a Huidobro, pero Huidobro había actualizado a Apollinaire, quien a su vez había refundido una imagen cristiana tradicional, la de la Ascensión, para hablar de la aviación, un fenómeno que fascinaba a todos a comienzos del siglo.

Y esto nos lleva a Picasso que, en los comienzos del Cubismo, elogiaba a su amigo Braque apodándole "Wilbourg," una alusión a Wilbur Wright, el más famoso de los "hermanos Wright." En un diario parisino de 1908 (*Gil Blas*, 14-XI-08), reseñando una exposición de Braque, hay una noticia sobre "LA CONQUISTA DEL AIRE" en que el aviador americano gana el Premio de la Altura, haciendo que su frágil biplano se mantenga en vuelo a unos cuantos metros de la faz de la tierra. Este interés por la aviación, por la conquista del aire, pronto se registra en la literatura, y concretamente en "Zone," uno de los poemas más célebres de *Alcools* (1913) y en donde hay los siguientes versos poco reverentes sobre la Semana Santa, sobre el Viernes Santo y el Domingo de pascua, basado en la novedad del avión y, por cierto, en su semejanza con la forma de la cruz:

> C'est Dieu qui muert le vendredi et ressuscite le dimanche
> C'est le Christ qui monte au ciel mieux que les aviateurs
> Il détient le récord du monde pour la hauteur.

> (Es Dios quien muere el viernes y resucita el domingo
> Es Cristo quien asciende a los cielos mejor que los aviadores
> El retiene el récord mundial de altura.)

Ahora bien, una buena imagen, una vez encontrada, o creada, puede sufrir muchísimas transformaciones, multiplicando su intensidad. Todos sabemos como Góngora "re-escribió" el soneto de Garcilaso—ése que comienza "En tanto que de rosa y azucena se muestra el color de vuestro gesto"—transformándolo en otro más atrevido: "Mientras por competir con tu cabello,/ oro bruñido, el sol relumbra en vano." Borges, como todo poeta vanguardista, trabajaba dentro de los parámetros, las posibilidades y los retos de una nueva estética exigente; como dijera Gracián, hablando de la vanguardia de su época: "El arte consiste en complicar las cosas."

La idea es crear algo nuevo, pero algo nuevo a partir de lo ya conocido. Por lo tanto, la imagen del avión aparece y reaparece en un poema tras otro, tal como ocurre con el motivo de la guitarra en la pintura cubista de Braque, Picasso y Gris. No es que estos artistas (y poetas) carecieran de inspiración, ni que estuvieran "plagiando" el uno al otro. Todo lo contrario, pues se regocijaban con el descubrimiento de una nueva iconografía, de un nuevo lenguaje visual y verbal.

A manera de ejemplo, quisiera examinar otro componente de los poemas de Borges ya citados, su peculiar repetición de la palabra "amarras." En "Gesta Maximalista," la catedral "quiere romper las amarras"; y en el otro poema, "Catedral," es casi lo mismo: "puja por romper las mil amarras." El término, que obviamente viene del lenguaje marinero, aquí se refiere a las cuerdas con que sujetaban a la tierra los aviones ligeros para que no los llevara el viento; y, desde luego, por analogía a los arcos que contrarrestan los empujes de las altísimas bóvedas de las catedrales góticas, los delgados arbotantes tan característicos de esta estilizada construcción. Pero además, la catedral ya no es un "avión de piedra," sino un "avión de multitudes."

Borges, como Huidobro—y de hecho todos los poetas de la vanguardia—utilizan el mismo procedimiento de experimentación, tomando prestadas imágenes de aquí y allá, transformándolas y renovándolas en uno y otro poema en un continuo *collage* verbal.

Aquí interviene Guillermo de Torre, el más precoz de los Ultraístas, cuya imaginación extraordinaria aseguró la capacidad casi logarítmica para extrapolar metáforas. Uno de sus poemas, "Sinopsis," incluido en *Hélices*, termina así: "Alguien enciende/ el reóforo plenisolar/ y hay un espasmo terráqueo/ de afirmación occidental." Un remate que, no obstante su altisonancia, resulta bien hermético, y en un lenguaje francamente incomprensible para alguien no familiarizado con el sistema expresivo de la vanguardia. Nuestra "piedra de roseta" otra vez es Huidobro, ahora por medio de Juan Gris, en lugar de Apollinaire.

Sabemos que el pintor cubista ayudó a Huidobro a traducir sus poemas de *El espejo de agua* al francés para su publicación en *Nord-Sud* en 1917. Uno de los poemas traducidos, "Arte poética," no lo publicó Huidobro porque Gris lo había cambiado demasiado, añadiendo muchas imágenes de su propia cosecha. La traducción comienza textual: "Que el verso sea como una llave/ que abra mil puertas" "Que le vers soit comme une clef/ qui ouvre mille portes." Pero más adelante, Gris se inspira tanto que termina escribiendo otro poema. Justo donde dice Huidobro, "inventa mundos nuevos," Gris inventa una nueva imagen: "un bouton/ un léger coup/ et toutes les chambres s'illuminent" ("un botón, un golpe ligero al botón y todos los cuartos se iluminan"). La corrección a lápiz en el manuscrito, "s'éclairent," es de Huidobro. Una imagen bastante rara en cualquier caso, hasta recordar que estamos en 1917 y la luz eléctrica era toda una novedad por entonces: al dar un golpe al interruptor se ilumina toda la casa como por arte de magia—la electricidad como un símbolo de la modernidad, de la capacidad inventiva del hombre. (Por algo la primera revista plenamente vanguardista de España, la célebre publicación de Salvat Papasseit aparecida en Barcelona en febrero de 1918, se titula *Arc Voltaïc*.) Aunque Huidobro no publicó esta traducción (el poema resultante en francés era otro, ya no era el suyo), debe haberle gustado mucho el poder sugestivo de esta imagen de Gris, ya que al año siguiente la incorpora en uno de sus *Poemas árticos* de 1918, "Nadador," elevándola entonces a un exponente aún más alto. Pues, en la versión de Huidobro, un golpe al botón del interruptor no sólo ilumina la casa, ilumina el universo:

> En mis dedos hay secretos de alquimia
> Apretando el botón
> Todos los asteros se iluminan.

No quiero insistir en genealogía, pero Guillermo de Torre obviamente retomó esta idea, originaria de Gris y reciclada luego por Huidobro, para "perfeccionarla," dándole una nueva dimensión aún más cósmica en su versión: "Alguien enciende el reóforo plenisolar" ("reóforo" es un reostato, un regulador de la potencia de la luz). Pero ahora es Dios quien da el golpe al botón, y de repente todo está iluminado—con la intensidad de la luz del día—un relámpago, atraído por las "ANTENAS" a la izquierda en el texto, que irrumpe y resuena en la oscuridad de la noche:

> A   Alguien enciende
> N   el reóforo plenisolar
> T
> E
> N   Y hay un espasmo terráqueo
> A
> S   de afirmación occidental

En esta secuencia de imaginería moderna que "estira" hasta casi hacer incomprensible el sentido de los términos, hay en el fondo algo que es común a toda la empresa vanguardista: el empeño que tanto los poetas como los pintores ponen en la creación de imágenes nuevas, insólitas, calculadas para sorprender. La idea, pues, no es la creación de la Belleza (estética decimonónica), sino la sorpresa. Por eso, quizás, tanto el avión como la luz eléctrica reverberan en más de un poema de la vanguardia sin que nadie pueda atribuirse la exclusividad.

THE UNIVERSITY OF CHICAGO

Carlos Pellicer y
la poesía de compromiso social[1]

EUGENE MORETTA

 UE CARLOS PELLICER fue un poeta socialmente comprometido es un hecho indiscutible. Acompañamiento de una vida pública de constante actividad en favor de la justicia y la unidad del pueblo latinoamericano, su obra contiene numerosos elogios no sólo a los consagrados héroes de su continente (siendo prominentes entre ellos las figuras de Cuauhtémoc y Simón Bolívar), sino también a varias causas sociales del mundo contemporáneo y a personajes admirados por su militancia en ellas, tales como Che Guevara y Ho-Chi-Min. Hay que reconocer, además, el significativo papel de precursor que juega Pellicer en lo que se refiere a la relación entre civilización precolombina y realidad social moderna. Más de veinte años antes de que Pablo Neruda descubriera la solidaridad americana en la antigua ciudad incaica de Machu Pichu, el poeta mexicano ya escribía desde otras ruinas indígenas:

Uxmal,
tus escalinatas las he recorrido
y en tus panoramas he puesto mis manos.
Uxmal,

[1]Agradezco a la Grant Foundation de la City University de Nueva York la ayuda material, en forma de beca, que me ha permitido llevar a cabo este estudio. Agradezco también a Carlos Pellicer López, quien tan generosamente me ha proporcionado datos y escritos inéditos de su tío, el poeta Carlos Pellicer.

87

tú llenaste mi corazón,
y de tu raza culta es mi alegría
y mi vaso sincero de pasión.
Tú tocaste la puerta de mi corazón,
Uxmal.... (*Obras: Poesía*, 67)

E igual tiempo antes de que su compatriota Octavio Paz empezara a formular su visión de una sociedad contemporánea vinculada a la antigua por la persistencia en ella de ciertos mitos determinantes, Pellicer había dicho:

Yo pasé de los órdenes griegos a las pirámides sabias de
   América
Y escuché los dilemas fatales que a los hombres animan la
   propia conducta. (*Obras*, 326)

Mas allá de la presencia en Pellicer del compromiso social y de las precisas posturas ideológicas que éste podría reflejar, está la cuestión de los lazos que pueden existir entre ese aspecto de su obra y la totalidad de ella, especialmente durante los años formativos de la carrera poética pelliceriana. Del mismo modo que el Rubén Darío del poema "A Roosevelt" resulta cabalmente comprensible sólo en vista del poeta cosmopolita que compuso "Sonatina" o del hombre introspectivo y sombrío que ejecutó "Lo fatal"; de igual manera que el Neruda de *Canto general* no sería explicable sino en el contexto del romanticismo de sus *Veinte poemas de amor* o *Los versos del capitán* y del surrealismo angustiado de *Residencia en la tierra*—así los versos en que Pellicer proclama y celebra la unidad latino-americana, comenzando por la temprana *Piedra de sacrificios* y continuando hasta los últimos años de su vida, tienen que estudiarse sobre el fondo de una obra poética más amplia y variada. Esta abarca poemas aparentemente sin relación con el tema social, entre ellos los que hablan del paisaje, del amor, de la poesía misma e incluso del propio sentido de la existencia individual. El intento de ver el compromiso social como expresión de un proceso evolutivo que incluye estos otros elementos sería particularmente iluminador en el caso del Pellicer de los años 20 y 30: época, en México, de fuertes polémicas sobre la función social del arte, a través de las cuales se polariza el debate entre los autoproclamados guardianes de valores revolucionarios y nacionales y los intelectuales, encabezados por los Contemporáneos, cuyas inquietudes no suelen ser explícitamente vinculables con las preocupaciones político-sociales del momento.[2]

En Pellicer, a diferencia de Vallejo y los otros poetas hispano-americanos ya mencionados, el compromiso social no se cristaliza en una etapa tardía, precipitado por un acontecimiento de resonancia mundial (la guerra civil española, por ejemplo) que provoque un repentino cuestionamiento del propio quehacer poético. Es producto, en cambio, de los entusiasmos juveniles de quien se educa en un ambiente ya imbuido de fervores revolucionarios, de quien viaja por Colombia y Venezuela como representante de un grupo estudiantil dedicado a difundir en esos países los valores de la revolución mexicana y, luego, de quien colabora dentro y fuera de México con uno de los más activos promotores de aquélla, el filósofo y entonces Secretario de Educación, José Vasconcelos. Es Vasconcelos, autor de *La raza cósmica*, el que prologa *Piedra de sacrificios: Poema iberoamericano*, el segundo poemario de Pellicer, publicado en 1924, cuando el poeta tenía 27 años. Este libro cimienta el compromiso social de Pellicer, a la vez que apunta hacia su posterior profundiza-ción. Inicia así un proceso cuyos momentos clave intentaremos señalar a continuación.

En su prólogo a *Piedra de sacrificios* Vasconcelos ya había dicho acertadamente que la veta paisajística tan prominente en la poesía de Pellicer podría verse como una especie de arma estética encami-nada a promover la unidad del continente a través de la experiencia de su impresionante realidad natural. "El culto del paisaje expresado por poetas como Pellicer, de sentido étnico y social," había escri-to,"traería como consecuencia el afán de unirnos por afinidades de contemplación estética y nos llevaría a considerar que la patria es el paisaje" (en Pellicer, *Obras*, 57). Monica Mansour, al comentar las palabras de Vasconcelos, insiste en esa interrelación del Pellicer comprometido y el *otro* Pellicer—por decirlo así—al que nos

---

[2]Sobre las polémicas literario-culturales sostenidas en México durante esos años, cf. Luis Mario Schneider, *Ruptura y continuidad: La literatura mexicana en polémica*, 159-89; y Guillermo Sheridan, *Los Contemporáneos ayer*, 179-399.

referimos en un párrafo anterior. "El ideal de la unión iberoamericana," afirma, "se da en Pellicer mediante la unión del paisaje, la unión de la naturaleza. Los poemas dedicados tanto a Bolívar como a Morelos, Juárez, Cuauhtémoc, expresan pues tan adecuadamente la comunión ideológica (estética, religiosa y sociopolítica) como los textos que se centran en otros motivos temáticos, sobre todo el paisaje y la poesía" (en Pellicer, *Poemas*, xxii).

Esta observación, que sugiere para los términos "unidad" y "unión" significados mucho más amplios que los contemplados por Vasconcelos, pretende caracterizar no sólo *Piedra de sacrificios*, sino el conjunto de la obra pelleceriana. Sin embargo, es en dicho libro, con su evidente contenido histórico-social, en donde el vínculo entre temas resulta más fácilmente reconocible. Sirvan de ejemplo dos versos del primer poema—"Teotihuacán y Cuzco están en ruinas/ pero las águilas y los cóndores todavía se levantan" (*Obras*, 63)—en los que una rápida visión natural, en forma de dos aves que alzan vuelo, se utiliza (partiendo del valor simbólico de esas aves, representantes de dos antiguas civilizaciones americanas) como vehículo de la afirmación principal: a saber, que la ya apagada vitalidad de las culturas precolombinas ha de renacer en el seno del pueblo iberoamericano moderno. En otro poema es el "Agua de América," concretada en la catarata de Iguazú, la que se convierte en portavoz del espíritu revitalizador:

Agua podersosa y terrible,
tu trueno es el mensaje
de las razas muertas a la gran raza viva
que alzará en años jóvenes la pirámide
de las renovaciones cívicas. (*Obras*, 68)

En este matrimonio del paisaje con el futuro renacimiento iberoamericano, interviene una tercera presencia, la del poeta mismo. Su voz no se limita a la función profética, sino que se constituye también como sujeto humano que participa de la unión que proclama:

Agua del Iguazú, agua grande, agua soberbia,
mi voluntad será como la tuya,
numerosoa y fanática,

sin temores ni exclusas. (*Obras*, 69)[3]

La "voluntad" del yo pelliceriano es su identidad fundida con la de la naturaleza, de tal manera que, según lo insinúan los ya citados versos de "Uxmal," se compenetran sujeto y objeto en un Todo que anula las distancias tanto espaciales como temporales, dejando oír el latido de un sólo "corazón":

Fueron los grandes ruidos
de las flechas sin arco de las épocas.
Fue la lealtad sagrada
de las gotas espesas de tu sangre
que se levanta en mi alma.
Como árboles sobre el fondo de la tarde,
mis brazos se levantaron,
profundos, de tu sangre.
Y fue el arquitecto sinfonizante
de melodías y rumbos de astros.... (*Obras*, 66)

Tal "fusion of the poet-narrator with the physical world," ya notada por Edward J. Mullen en su cometario a "Uxmal" (54)[4]— inclusive la figura del poeta-árbol que tanta importancia tendrá en "El canto de Usumacinta" (1947)—, se establece en *Piedra de sacrificios* como rasgo que será quizá el más típico de la poesía de Pellicer. Pero, antes de volver sobre la relación entre ese rasgo y el compromiso social de la obra pelliceriana, cabe señalar en dicho poemario otro fenómeno que también tiene implicaciones importantes. Me refiero al tema del destino, que en este poemario se entiende en primer lugar como fatalidad que frustra los proyectos humanos.

---

[3]Nótese cómo la anomalía ortográfica de la x de "exclusas" crea una asociación entre los dos vocablos que evoca: "esclusas"—o sea, barreras al libre fluir del agua—y "excusas," que con el anterior "temores" ("sin temores ni *excusas*) sugiere limitaciones al libre ejercicio de la voluntad humana. De este modo la sustitución de una sola letra fortalece la imagen de un yo poético y una naturaleza fundidos.

[4]Mullen fue también uno de los primeros en llamar la atención sobre los versos de "Iguazú" que hemos citado, viendo en ellos, como en el poema "Uxmal," la "identification between the poet and his indigenous past" (56).

Es aquí donde la deuda de Pellicer con Darío queda más patente, empezando por los versos del poeta nicaragüense puestos como epígrafe al frente de *Piedra de sacrificios*:

> La América Española
> fija está en el Oriente de su fatal destino.
>
> ... ...
>
> ¿Tantos millones de hombres hablaremos inglés?
>
> ... ...
>
> Alma mía, perdura en tu idea divina. (*Obras*, 61)

Las dos citas iniciales están tomadas del primero de los cuatro poemas rubendarianos reunidos en *Cantos de vida y esperanza* bajo el título "Los cisnes" (Darío, *Poesías completas*, 732). Identifican en la historia iberoamericana un sombrío determinismo que se funda en la larga serie de depredaciones sufridas por el pueblo, llegando hasta el imperialismo cada vez más amenazante de los Estados Unidos. El Pellicer joven, siguiendo las huellas de un Darío ya maduro, proyecta una voz poética que por momentos se quiebra al dar por inevitable que la anhelada unión americana—y con ella el propio poeta que profetiza—se torne víctima de las fuerzas hostiles en acecho. Ahora el corazón del sujeto late no en resonancia con un mundo a la espera de una plenitud prometida, sino como "corazón arrinconado" que "lleva tres siglos de llorar" (*Obras*, 86), siendo el punto de convergencia de todos los dolores producidos por una historia nefasta:

> Y es así como en este día
> con el sol roto entre mis manos
> oigo rodar en mi destino,
> como en un bosque de cactus,
> la maldición de los dioses horadada en mi boca
> y el hacha santa de la tragedia amarrada a mis manos.
>
> ... ...
>
> Pues ¿quién puede volver a mirar serenamente las estrellas
> cuando todo semeja que el destino

va a aplastarnos con sus plantas de piedra?

El último de los tres epígrafes es el primer verso de un soneto de *Prosas profanas* en el cual se propone un destino más esperanzado, que depende de la perseverancia fiel del ser humano:

Alma mía, perdura en tu idea divina;
todo está bajo el signo de un destino supremo;
... ...
atraviesa impertérrita bajo el bosque de males
sin temer las serpientes; y sigue, como un dios....
(Darío, 698; Pellicer, *Obras*, 61)

El elemento personal se ve con más claridad en "Ama tu ritmo," también de *Prosas profanas*, en donde la voz poética exalta la independencia y el poder creador del individuo: "eres el universo de universos/ y tu alma una fuente de canciones" (Darío, 693). En el Pellicer que se identifica con la lucha libertadora de su raza, y que se siente abrumado por el fracaso al que la ve condenada, la celebración rubendariana del "alma" solitaria reaparece como fe del sujeto poético: su convicción de que el triunfo último será del pueblo en lucha. A veces dicha fe refleja la inspiración cristiana de las Bienaventuranzas: "Bienaventurados los que sufren/ porque ellos serán consolados" (*Obras*, 93).

En la "Oda a Cuauhtémoc" se constituye con más claridad como posesión exclusiva de un yo salvador; como tal, sirve de contrapeso al "destino de la tragedia inexorable y gigantesca" que acabó con el último rey azteca—y, por extensión, con todos los impulsos libertadores surgidos en América desde la Conquista: "Pero en el cráter de mi corazón/ hierve la fe que salvará a tus pueblos" (*Obras*, 100). Esta afirmación del vínculo entre una cualidad propia del sujeto y la futura redención de la colectividad a la que él está unido permite que el poeta termine su larga y desolada apóstrofe en una nota de esperanza. Lo que es más importante, anticipa el derrotero del Pellicer maduro, tema del que nos ocuparemos más adelante.

De mayor interés para la poesía pelliceriana de esta época juvenil es el descubrimiento de la propia potencia creadora y (como el Darío de "Ama tu ritmo") la posibilidad de hacerla el centro irradiador de un mundo original que represente una suerte de universo *alternativo* frente a esa otra realidad, conflictiva y malhadada, que supone el compromiso social. El desaliento experimentado por el poeta ante la contemplación de un destino regido por "la maldición de los dioses" lleva en *Piedra de sacrificios* a cierto deseo de buscar, lejos de toda desigual lucha, algún espacio íntimo en donde el yo se vea libre para ejercer sus propios dones de creador. Son especialmente sugestivos los versos finales de "Divagación del puerto," en los que el poeta cuestiona su vocación pública (construir la "Ciudad sagrada") y, entre fuertes ecos de Darío, ya viene acercándose a una visión personal y autosuficiente de su "destino":

Alma mía que te entristeces
por la tristeza humana,
y construyes a la luz de la luna
una Ciudad Sagrada.
Tú te sabes quedar sola en el puerto
para encender el faro.
Sálvate de la angustia
de tu primer naufragio
y escoge la estrella futura
a donde irás a cantar otros cantos.
En tu Universo propio hay una hora
inaugural de tu destino:
¡líbrate de no escucharla, cuídate de no sentirla!
y haz de tu vida un tiempo joven
que centralice todos los caminos. (*Obras*, 77)

Si el comprometerse entrañablemente con la liberación de su pueblo significa participar de un destino marcado por la "tristeza humana," el yo poético del Pellicer joven parecería ver en el simple cultivo de sus propios poderes imaginativos—sin renegar del compromiso social, pero sin privilegiarlo—una forma de expresar su genio y su exuberancia fuera del avance de la fatalidad.

Se trata no de un cambio o viraje en una obra poética, después de todo, notablemente constante, sino de un enfoque particular que se remonta a los primeros poemas de Pellicer y continúa manifestándose, paralelamente con otras tendencias, en *Piedra de sacrificios* y los poemarios posteriores. Da como resultado la aparición de un mundo poético autónomo que, a diferencia de ese otro mundo sufrido y trágico de la América de Cuauhtémoc, tiene como único destino el decretado por la fantasía subjetiva. "¡Lo que diga el poeta!" (*Obras*, 23) había proclamado la voz del primer poemario, *Colores en el mar y otros poemas* (1921), evocando al Vicente Huidobro creacionista y su famoso verso: "El poeta es un pequeño Dios."[5] He aquí al Pellicer tan favorecido de lectores y antologistas: el que va elaborando una poesía de absoluto dominio del yo sobre la realidad exterior; una poesía que abre espacios de libertad dentro de los cuales la imaginación disfruta, a veces juguetonamente, de su capacidad para metamorfosear, reordenar, combinar y manipular las cosas y las perspectivas, y para desafiar así las habituales formas de ver, oír y sentir. Esa faceta de la obra pelliceriana ha sido cuidadosamente estudiada por críticos tales como Andrew Debicki (*Poetas hispanoamericanos contemporáneos....*) y Gabriel Zaid ("Siete poemas de Carlos Pellicer"). Si corresponde a alguna visión social, esta última podría intuirse partiendo del hecho de que el material poetizado no es la pura naturaleza, sino también los artefactos (objetos de arte, automóviles, transatlánticos, útiles de pintor o de fotógrafo, ropa interior, etcétera) pertenecientes a la época del poeta: o sea, la modernidad, percibida, claro está, desde el punto de vista de quien cuenta con los recursos suficientes para conocerla a fondo. La continua transformación de esta realidad, al punto de poner en entredicho su aparente solidez, sugiere una distancia irónica e incluso recelosa frente a ella. Así es que Pellicer se diferencia del estridentismo mexicano en la medida que éste supone el abrazo incondicional de lo moderno. Pero, más que nada, su distanciamiento refleja el impulso de exaltar el elemento subjetivo por encima de cualquier objeto. Al comentar la "Suite brasilera"—poema incluido en *Piedra de sacrificios* y en el que el aspecto de Río de Janiero va cambiando radicalmente al ser visto a través de los ojos de un yo

---

[5]Del poemario *El espejo en el agua* (1916), reproducido en José Olivio Jiménez, *Antología de la poesía hispanoamericana contemporánea: 1914-1970*. Sobre la deuda de Pellicer con el creacionismo, cf. George Melnykovich, *Reality and Expression in the Poetry of Carlos Pellicer*, 27-49.

aviador-acróbata—Zaid cita un texto de 1923 en que Pellicer explica
cómo el dominio proporcionado por la perspectiva aérea lleva a una
fundamental indiferencia ante el mundo y a una correspondiente
concentración en la autosuficiencia nuevamente adquirida. Dice el
poeta:

> El aviador, desde su avión, está haciendo el mundo a su
> antojo. Con medio *looping* puede mover el lugar de las cosas y
> con un *tonneau* consigue fácilmente retorcer el paisaje. La de los
> aviadores es una lógica dinámica que no tiene nada que ver con
> la del resto de los hombres.... El secreto de toda aptitud consiste
> en mirar las cosas desde el punto más alto. Cuanto más alto es
> el lugar, mayor es la aptitud para descubrir y gozar, y mayor
> también el desinterés, pues se llega al egoísmo espléndido de ser
> el único y su propiedad. Allá arriba no le importa a uno nada.
> Nada se recuerda, nada se desea. Si acaso en ese aturdimiento
> divino se percibe de cuando en cuando el deseo único de no
> volver a la tierra jamás. La muerte de Icaro, el gran aviador
> griego de hace 10,000 años, se debió, sin duda, a ese deseo
> saludable y fatal de volar siempre, de no regresar nunca. (1108)

El texto indica hasta qué punto Pellicer se siente atraído al ideal
de un yo "pequeño Dios" celebrado por Huidobro. El sujeto poético,
una vez constituido como fuente de todo poder, en condiciones de
hacer (o rehacer) "el mundo a su antojo" puede contemplar con
supremo desdén un universo incapaz, ya, de contrariarlo. Ello nos
proporciona una posible vía de acercamiento a una veta importante
de la poesía pelliceriana de los años veinte—desde *Colores en el mar*
hasta *Camino* (1929). Su "espléndido egoísmo" se podría ver como un
impulso de dominar el destino haciéndolo un mero producto de la
voluntad subjetiva. Al mismo tiempo su aislamiento o indiferencia
respecto de lo objetivo, imitando el vuelo de Icaro, representaría la
plena antítesis de esa unión entrañable entre sujeto y objeto
característica de los poemas de compromiso con la realidad americana.

Con todo, Pellicer no ignora que en última instancia hasta el
vuelo de Icaro resulta "fatal," por muy "saludable" que haya sido en

su momento.[6] Y, en efecto, el equilibrio de perspectivas contrastantes, el cual ha servido como marco de su poesía en los años veinte, se debilita al comienzo de la década siguiente, y, debido en parte a circunstancias ajenas a la poesía misma, va creciendo a nuevas intuiciones que sentarán las bases de una obra comprometida de mayor envergadura.

Son decisivas dos experiencias personales. La primera ocurre en 1930, cuando Pellicer, recién llegado a México al cabo de una estancia de cuatro años en Europa, milita en la campaña electoral de Vasconcelos, y es encarcelado y torturado. La segunda, que sigue a su liberación y dura desde agosto de 1930 hasta enero de 1931, consiste en una intensa relación amorosa que al fin se viene abajo. Aunque la primera parecería más directamente vinculada con la temática social, la segunda tiene la ventaja de brindarnos toda una crónica poética (los veinte poemas de "Recinto") en la que el yo viene reformulando su relación con "lo otro" a través del encuentro íntimo con esa otredad concretada en la persona amada. Los poemas de amor continúan en la colección "Otras imágenes" (publicada con "Recinto" en un solo libro, que no sale hasta 1941) y en los hermosos sonetos del poemario *Hora de junio* (1937). En el abrazo amoroso el yo de esas composiciones vuelve con un fervor nuevo a aquella fusión de su ser con el mundo que ya había registrado en *Piedra de sacrificios*. Al rebasar otra vez sus propios límites, ahora mediante la autoentrega al tú amado, encuentra una especie de identidad renovada:

En ti está la destreza de mis actos
y la sabiduría de las voces
del buen nombrar; lo claro del acento
que nos conduce al vértice del ámbito
que gobierna las cosas.
Gracias a ti soy quien me descubre

---

[6]El vuelo y la caída de Icaro, dicho sea de paso, es un mito que será utilizado por más de un poeta en la década siguiente para expresar el entusiasmo y subsiguiente desilusión frente a las pretensiones de la poesía y los poetas. Dos ejemplos serían el *Altazor* (1931) de Huidobro y *Muerte sin fin* (1939) de José Gorostiza.

a mí mismo... (*Obras*, 280)

Tú eres más que mis ojos porque ves
lo que en mis ojos llevo de tu vida.
Y así camino ciego de mí mismo
iluminado por mis ojos que arden
con el fuego de ti.

....
Yo solamente soy el vivo espejo
de tus sentidos. La fidelidad
del lago en la garganta del volcán. (*Obras*, 282-82)

Esta última imagen hace eco de los ya citados versos finales de a "Oda a Cuauhtémoc": "en el cráter de mi corazón/ hierve la fe que alvará a tus pueblos." En ambos textos el poeta parte del compromiso con una realidad humana exterior a sí mismo, sirviéndose de la metáfora de un volcán, con su "cráter" o "garganta," para indicar que el compromiso se funda en su propia "fe" o "fidelidad." En el caso de la "Oda," donde el compromiso es de orientación claramente social, se acentúa la tremenda energía redentora (parecida a la ardiente furia de un volcán en erupción) que supone la presencia de la "fe" en el "corazón" del yo: energía que ha de triunfar sobre el destino fatal que persigue a la raza de Cuauhtémoc. En el poema posterior, en cambio, la frase "fidelidad del lago" insinúa un compromiso que reconoce la posibilidad del destino adverso (la repentina conflagración que podría ocurrir en la "garganta" del volcán) pero que, en vez de arremeter contra ella, le opone una voluntad de abnegación que se dispone a aceptar con valor intrépido cualquier infortunio que pueda sobrevenir.

Cuando la fatalidad llega a poner fin a esa unión concreta de personas que constituía el compromiso en su aspecto superficial, el yo recorre a la soledad no de un Icaro antojadizo o indiferente (aunque tal modelo seguirá generando poemas en la obra de Pellicer), sino a la del hombre maduro que se vuelve hacia adentro para enfrentarse con la adversidad y encontrarle algún fruto. Ante la ausencia del ser amado, el amante se retira a una "quietud" de "puertas cerradas," donde aprende a convertir el dolor de la inútil espera en una aceptación que llama "vanguardia de heroísmo" (*Obras*, 285). La ausencia misma le confiere dignidad al que la acoge en silencio, y, lo que es más, le crea un nuevo "recinto" interior desde el cual el hombre solitario inicia el regreso hacia el mundo de afuera. Este proceso tiene como primer paso el recuerdo de la persona amada o la reconstrucción de su presencia a través de la fantasía. En el cuadro imaginativo van entrando, luego, elementos de la naturaleza y, al fin, el hombre en cuanto humanidad, hasta que el tú particular queda transformado en un enorme "campo de espigas," universo cuya realidad coincide con la de todos los seres y las cosas:

> Campo de espigas, vasta compañía.
> Alzar los ojos y encontrarte cerca,
> mover la voz ya para no llamarte,
> decirte en todo objeto,
> vivir en ti los hombres y las nubes... (*Obras*, 325)

Otro poema, intitulado "Nocturno" y ejecutado en el mismo mes que los versos citados (en junio de 1932; o sea, a un año y medio del colapso de la relación sentimental registrada en "Recinto"), se refiere a "los campos de espigas" que "incitan" los "ojos" de la ausente persona amada (*Obras*, 327). El compromiso del yo con ésta, sin perder en el desamor su enfoque íntimo, se ha ampliado hasta incluir, en primer lugar, el mismo dolor ("la angustia/ y el espanto" *Obras*, 327) que acarrea el relacionamiento humano; luego, final-mente, a toda la humanidad adolorida. El punto de partida es el reconocimiento de la fatalidad, que se muestra tanto más penosa cuanto que no admite explicación:

> No sé por mi sangre qué crímenes corran y que hagan indigna
>   mi suerte
> de ser acompañado siquiera un instante por el fruto fatal
>   que el destino
> me había deparado. (*Obras*, 327)

Al contemplar la crueldad de un destino que lo ha llevado nada más a mirar "la alegría perfecta, de lejos," sin permitirle entrar en ella, el poeta sugiere un parecido entre él y el Moisés bíblico, quien condujo a su pueblo a la Tierra Prometida sin pisarla él mismo. Esta evocación del patriarca antiguo infunde en la figura del yo cierto prestigio moral gracias al cual el poema logra una visión esencialmente ética: mediante "la gran soledad," valerosamente sufrida, el ser humano alcanza la suprema dignidad de una "vida severa y heroica," que hace de la "esperanza de pronto-por siempre-desierta" (*Obras*, 327)—es decir, del destino inapelable—el fundamento de una identidad ennoblecida.

El "Noctuno" es un poema clave en lo que se refiere al vínculo entre el Pellicer de expresión personal e íntima y el Pellicer comprometido con la humanidad. El yo individual, en respuesta a los golpes del destino, ha ido abriéndose al mundo y revistiéndose de una austera nobleza espiritual. Ese proceso ha producido una solidaridad más profunda que antes con los demás, según lo evidencia la primera mitad de la composición. La imagen conectiva es la de la voz. Al recordar al objeto del amor perdido, quien sigue presente como vía de acceso al mundo, el sujeto subraya la continuación de la intimidad en un plano sublimado, diciendo: "he oído su voz mezclarse a mis voces sin que nadie jamás lo sospeche" (*Obras*, 327). Semejante complacencia ante la fusión de las voces del yo y del tú corresponde, en los versos iniciales del poema, a la solemne satisfacción con que el yo se reconoce a sí mismo como *portavoz* (de ahí su *vocación*) de su propio encuentro decisivo con la fatalidad, como también de las experiencias de todos aquellos a quienes el destino les ha impuesto una vida de abnegada renuncia:

> Para aquellos que han pasado la vida mirando la dicha de otros
> y sin mirar sus harapos de soledad se han alegrado con la
> ajena alegría;
> para quienes han llorado con la inocencia del sol del desierto
> que no sabe que alumbra los esqueletos de las caravanas;
> para aquellos que han gritado en las torres altísimas de la
> media noche
> sus soledades tan solas que casi nadie puede mirarlas,
> recojo mi voz como último sorbo de sed de mi vida
> para decirles de la horrible belleza que el desierto me envía.
> (*Obras*, 326)

"Decirles de la horrible belleza" es emplear la voz para comunicarles a los demás el carácter tanto doloroso como ennoblecedor del sufrimiento asimilado en la soledad. La comunicación lleva a la comunión, y el poeta—como antes en *Piedra de sacrificios*—se proclama unido con sus prójimos más allá de las barreras de tiempo y espacio. Sólo que esta vez la unión se confirma como fenómeno de mayor hondura, pues ha pasado por la dura prueba de una adversidad personalmente vivida. La identidad profética asumida ahora por el poeta está fundada en un conocimiento íntimo de la fuerza motriz de las acciones humanas: esto es, de "los dilemas fatales que a los hombres animan la propia conducta" (*Obras*, 326).

La fusión del yo poético con la totalidad de lo que se llama mundo—mineral, vegetal y animal, además de lo humano—ha de completarse en *Hora de junio*, sentando con aún más solidez los cimientos de la futura poesía de compromiso con la sociedad. Partiendo, de nuevo, de la imagen de la voz, tan importante en los poemas primero y último de dicho libro, el sujeto se concibe a sí mismo como energía vital proyectada en toda la creación hasta convertise en el espíritu animador de ella:

Así mi voz al centro de las cuatro
voces fundamentales
tendrá sobre sus hombros
el peso de las aves del paraíso.
. . . .
Entonces será un grito, un solo grito claro
que dirija en mi voz las propias voces
y alce de monte en monte
la voz del mar que arrastra las ciudades. (*Obras*, 217, 220)

Cuando el pensamiento
de Dios, las cosas y los seres
fueron, mi voz estaba ya prevista
. . . .
La voz de callar nos dé fuerzas
para oír el llamado oportuno
de la abeja y del mar, de la palmera

y la esmeralda y el río
para ser la voz íntegra que al Paraíso
de la voz de Dios vuelva
en la voz de los ángeles que no caerán, jamás. (*Obras*, 262, 263)

Pero ya en la trayectoria que hemos trazado, la que termina con el "Nocturno" de 1932, está delineada en lo esencial la evolución que ha llevado al poeta a una conciencia cabal de su relación con el mundo. De ahora en adelante, la inquietud pelliceriana por la problemática social—inquietud que hallará su expresión más sostenida en los poemas de *Subordinaciones* (1949)—ha de responder a una sensibilidad forjada durante los diez años de maduración artística y personal contados a partir de *Piedra de sacrificios*. Fruto de tal proceso, la poesía comprometida de Pellicer podría verse en el contexto mexicano como un término medio respecto de dos corrientes literarias que ya advertimos. Frente a los Contemporáneos, quienes tienden a poetizar la soledad que le impide al individuo salir de los confines de su propio ser (pensamos en los "nocturnos" de Villaurrutia, *Muerte sin fin* de Gorostiza, *Perseo vencido* de Owen), la obra de Pellicer registra la experiencia a través de la cual un *yo* logra convertirse en un *nosotros*. A la literatura de intereses políticos inmediatos promovida por un imperante nacionalismo fácil, Pellicer le opone una poesía comprometida basada en la incuestionable autoridad moral de quien ha llegado a su vocación por el camino del esfuerzo arduo y a veces doloroso. Es este esfuerzo el que deja una huella indeleble en los versos del autor, infundiéndole su dinamismo y haciéndolos portadores de un auténtico mensaje de solidaridad humana.

BROOKLYN COLLEGE

Lista de obras consultadas

Darío, Rubén. *Poesías completas*. Ed. de Alfonso Méndez Plancarte. Madrid: Aguilar, 1961.
Debicki, Andrew. *Poetas hispanoamericanos contemporáneos; Punto de vista, perspectiva, experiencia*. Madrid: Gredos, 1976.
Jiménez, José Olivio, comp. *Antología de la poesía hispanoamericana*

contemporánea: 1914-1970. Madrid: Alianza, 1979.

Melnykovich, George. Reality and Expression in the Poetry of Carlos Pellicer. Chapel Hill: U of North Carolina P, 1979.

Mullen, Edward J. Carlos Pellicer. Boston: Twayne, 1977.

Pellicer, Carlos. Obras: Poesía. Ed. de Luis Mario Schneider. México: Fondo de Cultura Económica, 1982.

——. Poemas. México: Promexa, 1979.

Schneider, Luis Mario. Ruptura y continuidad: La literatura mexicana en polémica. México: Fondo de Cultura Económica, 1975.

Sheridan, Guillermo. Los Contemporáneos ayer. México: Fondo de Cultura Económica, 1985.

Zaid, Gabriel. "Siete poemas de Carlos Pellicer." Revista Iberoamericana 148-49 (julio-diciembre de 1989): 1099-1118.

En demanda de Cathay: lo real y lo imaginario en el *Diario del primer viaje* de Colón

JOSÉ JUAN ARROM

N LA CONMOVEDORA carta que en 1503 Colón envió desde Jamaica a los Reyes, se dolía de que antes nadie creyera en su proyecto y "agora hasta los sastres suplican por descubrir." Algo parecido ocurre hoy: "agora hasta los sastres"—y quienes no son sastres—suplican por escribir sobre Colón y las consecuencias de su llegada a las Indias. Hay los que ilustran el tema con rigurosas ediciones y monografías; hay los que se dedican a repasar cuestiones harto ya conocidas, y no faltan los que, a manera de excitados calamares, enturbian las aguas históricas con sus descargas de tinta. En el curso de este ensayo tendré ocasión de referirme a algunos de esos trabajos. Pero el mío tiene otro objetivo. Me propongo discernir entre lo que Colón vio y oyó y lo que imaginó haber visto y oído en su primer viaje. En otras palabras, examinar el *Diario* en función de emisor que codifica sus inmediatas impresiones en un texto destinado a lectores europeos de su tiempo, y luego descodificarlo, desde la banda americana, para destinatarios de hoy. Ese animado careo entre lo que percibe y la manera en que lo interpreta y enuncia tal vez nos permita conocer más a fondo lo que el Almirante captó en esa auroral visión del Nuevo Mundo.

Comencemos por el emisor, el hombre Colón. Tengamos en cuenta que Colón vivió en una de las etapas más conflictivas y complejas de la historia de Europa. En su tiempo coexistían concepciones medievales con ideas renacentistas, de modo que en la

105

mente del Almirante se mezclan lecturas del *Libro de las maravi-llas*, de Marco Polo, y descripciones de la *Historia natural*, de Plinio, con una hipótesis científica propuesta por Toscanelli y conocimientos empíricos aprendidos de los navegantes portugueses. Fue asimismo la época en que se inicia la expansón marítima de Europa.[1] Esa expansión, lograda mediante osados viajes transoceánicos, tuvo importantes secuelas económicas, políticas y sociales que alteraron radicalmente el curso de la historia de Occidente y de sus relaciones con los territorios que comenzó a invadir y conquistar.

Esas eran las circunstancias y esas las ideas que bullían en la mente del marino genovés que al mando de tres endebles naves españolas se lanzó a buscar, a través de mares ignotos, una ruta más corta y segura para llegar al emporio de las Indias. Y que fue por pura casualidad que aparecieron ante sus proas avizoras unas islas desconocidas, primera avanzada de un continente imprevisto por los geógrafos del Viejo Mundo. Pero para Colón, según sus cálculos, aquellas islas se hallaban en los confines orientales de Asia.[2]

Con estos comentarios como fondo encontrémonos ahora con el Almirante, abordo de la nao capitana, cercano al encuentro con su destino. Los apuntes que asienta en el *Diario* son al principio las anotaciones usuales en un cuaderno de bitácora. Pero el 15 de septiembre, luego de haber navegado cuarenta y cuatro días desde su partida de Palos, registra algo insólito: "Esta noche al principio de ella vieron caer del cielo un maravilloso ramo de fuego en la mar." ¿Fue la caída de un aerolito, descrita en lenguaje metafórico? ¿O el portentoso anuncio de que había traspuesto el umbral de las tierras en cuya demanda iba? ¿O tal vez augurio de que comenzaba a cumplirse la misión mesiánica de haber sido "escogido de Dios para que le diese pasada su santa ley, por el mar Oceano, a otras 775 gentes que nunca la conocieron o la tenían ya olvidada?" (Pérez de

---

[1]Me he ocupado de este asunto en "El Caribe en vísperas del V Centenario," presentado en mesa redonda en Casa de las Américas, de La Habana, en abril de 1989, y de próxima aparición en México.

[2]Dichos cálculos estaban basados en el minucioso estudio de los más confiables documentos de la época. En lo que Colón varió fue al estimar la distancia entre las Canarias y Asia. Toscanelli postuló que había unos 2.000 millas náuticas hasta el Japón y 5,000 hasta China. Colón las redujo a 2.400 y 3.500 respectivamente. En realidad son 10.600 y 11.766 en latitud 28°.

Oliva, 41). Lo cierto es que desde esa noche cambia radicalmente el tono de sus apuntes. Al día siguiente, domingo 16, escribe lo que Las Casas traslada aquí: "Dice aquí el Almirante que hoy y siempre de allí adelante hallaron aires temperatísimos, que era placer grande el gusto de las mañanas, que no faltaba sino oír el ruiseñor."[3] Ese mismo día "comenzaron a ver manadas de yerba muy verde que poco había (según le parecía) que se había desapegado de tierra." El 17 ven más yerbas, "y venían las yerbas de hacia el poniente." Otean el agua y también el aire: el 18 vieron gran multitud de aves ir hacia el poniente." El 19 "vino a la noa un alcatraz." El 20, "dos alcatraces y después otro," y luego "dos pajaritos de tierra cantando." Las ansiosas pupilas avistan nuevas señales, de las cuales unas eran presagios ciertos y otros vanos espejismos creados por la ansiedad. En fin, el 11 de octubre "a las dos horas después de media noche, pareció la tierra, de la cual estarían dos leguas. Amainaron todas la velas... temporizando hasta el día viernes que llegaron a una isleta de los lucayos, que se llamaba en lengua de los indios Guanahaní." Imperecedera memoria ha quedado de ésa, la primera palabra amerindia escrita en español. Lo que no se sabe todavía, y acaso nunca llegue a saberse, es cuál de las Bahamas es la elusiva Guanahaní que en acción de gracias el Almirante llamó San Salvador.[4]

Esa mañana Colón "salió a tierra en la barca armada, y con banderas desplegadas "tomó posesión de la dicha isla por el Rey y por la Reina sus señores, haciendo las protestaciones que se requerían." En tanto, atraídos por el exótico espectáculo, "luego se ayuntó allí mucha gente de la isla." El Almirante los observa tan agudamente que escribió la que hoy es una de las mejores descrip-

---

[3]Sabido es que el original del *Diario* se ha perdido; lo que tenemos es una copia, a veces resumida, que hizo Las Casas. En el presente estudio sigo la meticulosa transcripción de Oliver Dunn y James E. Keller, Jr., *The Diario of Christopher Columbus's First Voyage to America, 1492-1493*. He modernizado las grafías.

[4]Nueve diferentes islas han sido propuestas como la probable Guanahaní, entre ellas Caicos, Watlings, Cayo Rum, Cat Island, Mayaguana y Samaná. Sobre el prolongado debate, véanse los artículos reunidos por Louis D. Vorsey, Jr. y John Parker en *In the Wake of Columbus. Islands and Controversy*, y el resumen de Robert H. Fuson, "The Landfall Theories" en *The Log of Christopher Columbus*, 199-208.

ciones de los indígenas antillanos. Dice:

> Me pareció que era gente muy pobre de todo. Ellos andan desnudos como su madre los parió, también las mujeres... Muy bien hechos, de fermosos cuerpos y muy buenas caras. Los cabellos traen por encima de las cejas, salvo unos pocos detrás que traen largos, que jamás cortan. De ellos se pintan de prieto, y ellos son de la color de los canarios, y ni negros ni blancos... Ellos no traen armas ni las cognoscen, porque les amostré espadas y las tomaban por el filo, y se cortaban con ignorancia. No tienen algún fierro. Sus azagayas son unas varas sin fierro, y algunas de ellas tiene al cabo un diente de pece, y otras de otras cosas. Ellos todos a una mano son de buena estatura de grandeza y buenos gestos, bien hechos. Yo vide algunos que tenían señales de feridas en sus cuerpos, y les hice señas qué era aquello, y ellos me amostraron cómo allí venían gente de otras islas que estaban cerca y los querían tomar y se defendían. Y yo creí, y creo, que aquí vienen de tierra firme a tomarlos por captivos. Ellos deben ser buenos servidores y de buen ingenio, que veo que muy presto dicen todo lo que les decía. Y creo que ligeramente se harían cristianos, que me apreció que ninguna secta tenían.

En esta descripción se juntan ya lo fático con lo figurado. Sagaces y precisos son los pormenores con los que describe a los lucayos (*lukku* 'gente' y *cayos* 'islas'), grupo periférico o fronterizo de los que más adelante habremos de llamar taínos. Y el propósito, como la empresa misma, es a la vez científico y comercial: los observa como una etnia diferente de las que había conocido en sus viajes por el Mediterráneo y la costa de Guinea, y como valiosa mercancía para ser vendida, como había visto que hacían los portugueses en el mercado europeo.[5] Por ello subraya que son "de buena estatura," "buenos gestos" y han de resultar "buenos servidores." Pero luego, dejándose llevar por la fantasía, se refiere a un

---

[5]En cuanto a la captura y venta de esclavos africanos a Europa, y especialmente en Portugal, *vid* el mencionado "El Caribe en vísperas...," texto y notas 10 y 11.

segundo grupo que no ha visto, pero creía y cree "que otros vienen de tierra firma a tomarlos por captivos." Esos otros serán los hipotéticos súbditos del Gran Can, a quienes después conoceremos por caníbales o caribes.

La centralidad del tema del hombre americano, iniciado desde el día primero del arribo, me compele a dejar por unos momentos las tres naves fondeadas en aguas de Guanahaní para seguir la trayectoria de esta dicotomía a lo largo del *Diario*. De los taínos, los buenos, los nobles, los fáciles de capturar y convertir, al día siguiente, 13 de octubre, añade: "Todos de la frente y cabeza muy ancha... los ojos muy fermosos y no pequeños... las piernas muy derechas y no barriga, salvo bien hecha. Ellos vinieron a la nao con almadías, que son hechas del pie de un árbol, como un barco luengo [canoas]." El 17 apunta que sus casas "eran de dentro muy barridas y limpias, y sus camas... como redes de algodón [hamacas]; ellas, las casas, son tomadas a manera de alfaneques y muy altas y buenas chimenas [caneyes]." Reitera esos y otros pormenores favorables, y el 25 de diciembre, conmovido por la hospitalidad y ayuda que le brindan luego del naufragio de la Santa María, resume su visión en estos términos:

> Son gente de amor y sin cudicia y convenibles para toda cosa, que certifico a Vuestras Altezas que en el mundo creo que no hay mejor gente ni mejor tierra; ellos aman a sus prójimos como a sí mismos, y tienen una habla la más dulce del mundo y mansa, y siempre con risa. Ellos andan desnudos, hombres y mujeres como sus madres los parieron. Mas crean Vuestras Altezas que entre sí tienen costumbres muy buenas, y el rey muy maravilloso estado, de una cierta manera tan continente que es placer de verlo todo.

Con estos apuntes Colón había postulado el arquetipo perfecto del que siglos después habría de llamarse "el buen salvaje."

De los "otros," en contraposición, continúa conformando una imagen confusa e irreal. El 1 de noviembre dice que uno de los indios que llevaba a bordo dio voces a los de tierra "que no hoviesen miedo [de los españoles] porque eran buena gente y no hacían mal a nadie, ni eran del Gran Can." El 4 enriquece la descripción con

espeluznantes pormenores. Interpretando a su modo el lenguaje
gestual de los indígenas, "entendió también que lejos de allí había
hombres de un ojo y otros con hocicos de perros que comían los
hombres, y que en tomado uno lo degollaban y le bebían la sangre
y le cortaban su natura." El 23, atraído acaso por la homofonía con
Gran Can, o impresionado por la imagen de hocicos caninos, les
inventa un nombre: los indios que llevaban le dijeron que en la isla
que se llamaba Bohío "había en ella gente que tenía un ojo en la
frante, y otros que se llamaban caníbales, a quien mostraban tener
gran miedo... porque los comían." El 26 empieza a rectificar las
inseguras transcripciones: "toda la gente que hasta hoy ha hallado
diz que tienen grandísimo temor de los de Caniba o Canima." Las
variantes van y vienen y la confusión entre lo real y lo ilusorio se
hace más patente: el 11 de diciembre, por ejemplo, escribe: "Todas
estas islas viven con gran miedo de los de Caniba y así torno a decir
como otras veces dije, dice él, que Caniba no es otra cosa sino la
gente del Gran Can... y tendrá navíos y vendrán a captivarlos, y
como no vuelven creen que se los han comido." El 26 oye mejor a
los indígenas, y escribe con inusitada claridad lo que todavía
entiende turbiamente: "Cipango, a que ellos llaman Cibao," "isla
Española, a quien llaman Bohío," "los de Caniba, que ellos llaman
caribes."

El 13 de enero, apenas iniciado el tornaviaje, se topa con indios
flecheros en el extremo noreste de la Española. Uno de ellos sube a
la carabela y Colón observa que "era muy disforme en la acatadura
más que otros que hobiese visto. Tenía el rostro todo tiznado de
carbón, puesto que en todas partes acostumbraban de se teñir de
diversas colores. Traía todos los cabellos muy largos y encogidos y
atados atrás, y después puestos en una redecilla de plumas de
papagayos, y él así desnudo como los otros. Juzgó el Almirante que
debía ser de los caribes que comen hombres."[6] No eran caribes, sino

---

[6]Los franceses, que convivieron con los caribes (y hasta los tuvieron de
aliados), han conservado una transcripción más precisa de la voz indígena:
caraibe. Y ha sido un francés, Jean de Léry, quien en 1556 dio la clave de su
etimología: *caraí* 'señor' (como se usa actualmente en Paraguay), y *be*
'fuerte, poderoso.' Confirman ese sentido Anglería y Oviedo. Ver Arrom,
Estudios de lexicología antillana, 95.

ciguayos, y no se pintaban con carbón sino con el jugo de la jagua. Pero había trazado una imagen que persistiría por siglos. Y de ese modo, oyendo y fantaseando, había promulgado junto al arquetipo del buen salvaje el del indígena de repulsiva catadura, tiznado, feroz, sanguinario, comedor de carne humana. Y hasta les inventó un nombre: caníbales.[7]

Tornemos, pues es tiempo ya, a las tres naves colombinas que dejamos fondeadas en las tranquilas aguas de Guanahaní. El 14 de octubre, "en amaneciendo mandó aderezar el batel de la nao y las barcas de las carabelas, y fue al luengo de la isla... para ver la otra parte." Halla "huertas de árboles, las más hermosas que yo vi, y tan verdes y con sus hojas como las de Castilla en el mes de abril y mayo, y mucha agua... Después me volví a la nao y di la vela, y vide tantas islas que yo no sabía determinarme a cual iría primero." A quienes han seguido la ruta del Almirante por entre aquellas islas les maravilla la destreza con que sortea bajos y arrecifes. A Colón, por su parte, lo que le maravilla es el paisaje que su mirada descubre: las islas "fértiles y de aires muy dulces," la transparencia de las aguas, "siempre muy claras y se ve el fondo," las peces, tan diferentes de los nuestros: "hay algunos hechos como gallos, de las más finas colores del mundo, azules, amarillos, colorados y de todas las colores y otros pintados de mil maneras," el perfume "tan bueno y suave de flores o árboles de la tierra, que es la cosa más dulce del mundo," "el cantar de los pajaritos, que parece que el hombre nunca se querría partir de aquí" y acudiendo a una hipérbole "las manadas de papagayos que oscurecen el sol." La euforia teñía cuanto apuntaba. Pero no olvidaba la finalidad de su empresa. El 21 de octubre tiene noticias de "otra isla grande mucho, que creo que debe ser Cipango, según las señas que me dan estos indios que yo traigo, a la cual ellos llaman Colba... Mas todavía tengo determinado de ir a la tierra firme y a la ciudad de Quinsay, y dar las cartas de Vuestras Altezas al Gran Can." El 23 de octubre corrige la grafía y reitera su propósito:

---

[7]Estas citas señalan el proceso de creación colombina del gentilicio *caníbal*. Aunque no se ha registrado en ninguna lengua amerindia, ha sido sumamente productivo en lenguas europeas: *caníbal* 'antropófago,' *canibalismo* 'antropofagia' y en inglés *cannibalize* 'despojar un aparato o maquinaria de algunas de sus piezas para utilizarlas en otro.'

"Quisiera hoy partir para la isla de Cuba." El 24 "a media noche levanté las anclas... para ir a la isla de Cuba, a donde oí de esta gente que era muy grande y de gran trato y había en ella oro y especerías y naos grandes y mercaderías... porque creo que si es así, como por señas que me hicieron todos los indios... es la isla de Cipango, de que se cuentan cosas maravillosas, y en las esferas que yo vi y en las pinturas de mapamundos es ella en esta comarca."[8] El 28 arriba, probablemente cerca del puerto de Gibara. Observa muy bien el lugar. Y su jubilosa descripción es un lírico elogio que Las Casas copia así:

> Dice el Almirante que nunca tan hermosa cosa vido, lleno de árboles todo cercado del río, fermosos y verdes y tan diversos de los nuestros, con flores y con su fruto cada uno de su manera. Aves muchas y pajaritos que cantaban muy dulcemente. Había gran cantidad de palmas de otra manera que las de Guinea y de las nuestras, de una estatura mediana y los pies sin aquella camisa, y las hojas muy grandes con las cuales cobijan las casas, y la tierra muy llana. Saltó el Almirante en la barca y fue a tierra... la yerba era grande como en el Andalucía por abril y mayo. Halló verdolagas muchas y bledos. Tornose a la barca y anduvo por el río arriba un buen rato y era, diz que gran placer ver aquellas verduras y arboledas, y de las aves que no podía dejallas para se volver. Dice que es aquella la más hermosa que ojos hayan visto.

Colón continúa los elogios, pero lo citado basta para comprobar que es la primera oda en español al paisaje antillano.

Siguiendo el viaje, el 29 dirige sus naves hacia el oeste bordeando la costa de la actual provincia de Holguín. El 1 de noviembre anuncia que está en las inmediaciones de Zayti y Quinsay, dos ciudades de las cuales Marco Polo había escrito maravillas, y que aparecen, según Las Casas, en el mapa de Toscanelli. Basado en tales informes, el día 2 envía una embajada al Gran Can con las cartas

---

[8]Colón asegura que Cipango está en esa comarca confiando en la justeza de las "esferas que yo vi" y "en la pintura de los mapamundos" que ha consultado.

que para él traía. Para ello escoge a Rodrigo de Jerez y a Luis de Torres, que sabía "hebraico y caldeo y aun algo de arábigo," y les fija un plazo de seis días para cumplir su misión. En la espera explora los alrededores. El 4 les muestra a unos indios canela y pimientas, y ellos "dijeron por señas que cerca de allí había mucho de aquello al camino del Sudeste. Mostroles oro y perlas y respondieron ciertos viejos que en un lugar que llamaron Bohío había infinito... y naos grandes y mercaderías, y todo esto era la sueste." Habiendo regresado los embajadores sin señal alguna del Gran Can, la flotilla leva anclas y retorna a Río de Mares [Bahía de Gibara]. El 12 registra una noticia en verdad fabulosa: partió de Río de Mares "para ir a una isla que mucho afirmaban los indios que traía que se llamaba Babeque[9], adonde, según dicen por señas, que la gente de ella coge oro con candelas de noche en la playa y después con martillo diz que hacen vergas de ellos, y *para ir a ella era menester poner la proa al leste cuarta del sueste.*" Ese día llega hasta el que nombró Cabo de Cuba [Cabo de Lucrecia]. El 13 "entró en un grande golfo al sur sudoeste," que no exploró sino que siguió de largo, y especifica que "los indios que traía le dijeron ayer martes *que había tres jornadas desde Río de Mares hasta la isla de Baneque, que se debe entender jornadas de sus almadías, que pueden andar siete leguas.*" Navegando en la dirección y a la distancia indicadas (arriba subrayadas por la importancia que tienen para este estudio), no encuentra la deseada isla. Sospechando que había sobrepasado la meta, regresa sobre lo andado. Va y viene y todo en balde. Las Casas, impaciente, intercala este comentario: "Pero ¿dónde están luego agora estas islas que entre manos traía?" Y a continuación copia una noticia que enturbiaría aún más las aguas en torno a la elusiva isla: "Este día se apartó Martín Alonso Pinzón con la carabela Pinta, sin obediencia y voluntad del Almirante." Esta escapada del inconfiable capitán de la Pinta ha dado pábulo a que se haya sugerido, sin base firme, que llegó a Baneque. En tanto Colón, todavía esperanzado, el 19 sale mar afuera con rumbo nor nordeste hasta avistar a Gran Inagua. Acaso

---

[9]En el texto lascasiano se lee primero *Babeque*, lectura en la cual se ha confundido la *n* con la *u* con el valor de *b*. Luego rectifica la lectura, y de ahí en adelante es siempre *Baneque*. Es lo correcto.

los indios, o tal vez su tino de diestro navegante, le dicen que aquella isla tampoco es Baneque. Renuente a admitir su fracaso, alega que "vido la isla de Baneque al leste justo, de la cual estaría 60 millas." Mas no trata de acercarse porque "el viento le era contrario, y viendo que no se mudaba... determinó dar la vuelta" al puerto cubano de donde había salido, y proseguir viaje en demanda de Bohío. El 24, cerrando ya el frustrado intento de hallar la ansiada Baneque, escribe: "la semana pasada, cuando iba a la isla de Bane-que." Después no lo menciona más. La perdida Baneque se había convertido en otras de las irresueltas cuestiones colombinas.

Hipótesis en cuanto a su localización no han faltado. Las Casas, al relatar el episodio en su *Historia de las Indias* (Lib. I, cap. 47) comenta: "Yo creo que esta isla o tierra de Baneque debía ser, o esta isla Española, o alguna provincia o parte de ella, y que la debían nombrar los indios por aquel nombre porque nunca ésta después pareció." Capítulos más adelante, escribiendo sobre el segundo viaje, dice que estando Colón en las inmediaciones de la bahía de Guantánamo, "los indios que llevaba consigo hacían mucho caso señalando hacia la parte donde estaba la isla de Jamaica, afirmando que había mucho oro" (Lib. I, cap. 94), y agrega que ésta pudiera haber sido "La que llamaban el viaje primero Baneque, que tantas veces la nombraban."

Pasan los siglos. Aprovechando que no se ha encontrado documento alguno que compruebe concretamente en dónde estuvo Martín Alonso Pinzón durante su separación de la flotilla, en 1898 el poeta puertorriqueño Luis Lloréns Torres lanzó la tesis de que el capitán de la Pinta había llegado a Baneque, y que Baneque es, pese a la mayor distancia, la isla de Boriquen. No obstante la extrema fragilidad de esa tesis, en 1967 la revive una escritora española, Alba Vallés Fonseca, y la presenta acudiendo a presuntos argumentos lingüísticos. Según ella, la raíz *bo*, (caribe), tiene el mismo valor que la raíz lucaya *ba*, la sílaba *que* conserva igual significado en ambas lenguas, y la *r* de *ri* sufrió una conversión en *n* (*ne*). De manera que

Borique es lo mismo que *Baneque*.[10] Para cualquier conocedor de las lenguas indígenas antillanas estas aseveraciones carecen totalmente de sentido, y así lo he demostrado en otra parte ("Baneque y Borinquen...").

En 1942 surge otra tesis, postulada por el eminente historiador Samuel Eliot Morison. En su clásica biografía *Admiral of the Ocean Sea. A Life of Christopher Columbus*, Morison puntualmente explica:

> "At the relieving of the dawn watch" on Monday, November 12, the fleet left Puerto Gibara "to visit an island which the Indias aboard declare to be called *Babeque* where, the Indias aboard declare by signs, the people gather gold on the beach by candles at night, and then make bars of it with a hammer." *Babeque* undoubtedly was Great Inagua Island; for the Indians gave the correct course for it and Pinta went there. (262)[11]

El prestigio de Morison, y los altísimos elogios que su obra ha recibido,[12] han determinado que investigadores posteriores hayan aceptado su opinión como definitiva. Para citar algunos de las más recientes, el Profesor Fuson, en su edición crítica del *Diario* anota al respecto:

> Columbus has heard of two islands to the east: *Bohío* (Española) and *Babeque* (Great Inagua Island, Bahamas). He is confusing the two. The name *Baneque* was soon to vanish, being replaced by a Spanish corruption of *iguana* (the large

---

[10]Luis Lloréns Torres expone su tesis en el libro *América: estudios históricos y filológicos*. Lo que aquí interesa se halla en la primera parte, cap. 4, y 2da. parte, cap. 2. Alba Vallés Formosa desarrolla la suya en el artículo "En demanda de la isla de Baneque."

[11]Repite su hipótesis, culpando tanto a Colón como a los indios de estar equivocados, en la página 266.

[12] En la tapa posterior de la reimpresión en rústica de 1983 (de la cual yo cito) se anuncia "This classic 1942 Pulitzer Prize-winning biography of Christopher Columbus," y se cita del *New York Times* lo que sigue: "A splendid achievement and a lasting monument of American scholarship... A supremely valuable contribution to the literature on Columbus."

native lizard). (107, nota 10)

En fecha más reciente Samuel M. Wilson dice:

He had news of another island that was due west of where they were on Cuba, one the Indians from the Bahamas called *Babeque*. This was Great Inagua Island, a stepping-stone between the Bahamas and Cuba that Colón had missed. Given the same reports of plentiful gold and spices by his guides, there was little reason to steer for *Babeque* instead of *Bohío* (the local name for Hispaniola). (*Hispaniola. Caribbean Chiefdoms...*, 59)

Sin deseos de prolongar la nómina de los que siguen a Morison, procedamos a resumir las opiniones propuestas. La perdida isla dorada puede haber sido (1) la Española o alguna parte de ella; (2) Jamaica; (3) Puerto Rico; (4) Gran Inagua. En este dialógico discurso de voces tan dispares falta la de los indígenas que por señas le informaron a Colón el preciso rumbo y exacta distancia para llegar a ella. Y como ni entonces ni después se ha procurado entender lo que quisieron decir con aquel término, permítaseme servirles de traductor. *Baneque* está compuesto de dos morfemas: *bane* o *bani* y *eque*. Pertenece así a la serie de palabras tales como *Mayabe* + *eque* = Mayabeque y *Sabana* + *eque* = Sabaneque, términos todos conservados en la toponimia y la hidronimia antillanas. *Bane* o *bani* es el mismo topónimo cubano que hoy escribimos *Banes*, y el dominicano *Baní*. Esa voz *bane* ha sido registrado en arahuaco, transcrita con grafía alemana como *bánnije* 'árbol de madera dura y negra,' es decir, 'ébano.' *Eque* también ha sido registrada con las variantes *eke*, *eki* por C.H. de Goeje con el sentido de 'envoltura,' 'cobertor' en términos tales como *plata* + *eke* 'monedero,' *oniabu* + *eke* 'vejiga.' *Baneque* equivale, pues, a puerto en forma de bolsa, botija o botellón, o sea, en conjunto, Puerto de Ebano (Arrom, *Estudios de lexicología antillana*, 73-88). Ese puerto en sí tiene una boca sumamente estrecha entre altos farallones, y luego se extiende en forma de bolsa o botellón, características que me son personalmente conocidas porque he estado en este puerto y he pasado por su angosta salida.

Tal vez haya pecado de prolijo en cuanto a Baneque. Alego en mi descargo la necesidad de documentar el planteo y solución de una de las más debatidas cuestiones colombinas. En contraste seré muy parco al esclarecer las incógnitas en torno a la serie de presuntas islas que se mencionan en el *Diario* el sábado 29 de diciembre:

> Y como siempre trabajase por saber adonde se cogía oro, pregunta a cada uno porque por señas ya entendía algo, y así aquel mancebo le dijo que a cuatro jornadas había una isla a leste que se llamaba Guarionexo, y otras que se llamaban Macorix y Mayonic y Fuma y Cibao y Coroay, en las cuales había infinito oro, los cuales nombres escribió el Almirante.

La breve respuesta la da Las Casas en su *Historia de las Indias* (Lib. I, cap. 62; I, 287):

> En esto parece como el Almirante no entendía nada de los indios, porque los lugares que le nombraban no eran islas por sí, sino provincias desta isla y tierras de señores, y esto significaban los nombres: Guarionex era el rey grande de aquella Vega Real, una de las cosas maravillosas en natura; querían decirle los indios o decíanle que en la tierra y reino de Guarionex estaba la provincia de Cibao, abundantísima de oro. Macorix era otra provincia, como abajo parecerá, puesto que ésta tuvo algún oro, pero poco, y los otros nombres eran provincias, puesto que les faltan o sobran sílabas o letras, que no las debiera escribir bien el Almirante como no los entendiese bien.

Para redondear el recuento de islas reales e imaginarias examinemos los informes que Colón registra sobre la más evocadora de belicosos mitos mediterráneos, fascinantes mitos americanos y, desde luego, soluciones escasamente satisfactorias. Iniciado el tornaviaje, y navegando "al leste nordeste," el miércoles 9 de enero observa sin asombro un espectáculo inusitado: "Dijo que vido tres serenas que salieron bien alto de la mar, pero que no eran hermosas como las pintan, que en alguna manera tenían forma de hombre en la cara." (Aquellas no tan hermosas sirenas eran en realidad una familia de plácidos manatíes).[13] Prosiguiendo la navegación, con igual naturalidad apunta como de pasada: "De la isla de Matininó dijo aquel indio que era toda poblada de mujeres sin hombres."[14] El 14 la alude de nuevo, y el 25 anuncia "que tenía determinado de ir a [Carib], pues está en el camino, y a la de Matininó, que diz que era poblada de mujeres sin hombres." El 16, estimulada la imaginación por la cercanía de posibles amazonas, amplía considerablemente su apuntes:

> Dijéronle los indios que por aquella vía hallaría la isla de Matininó, que diz que era poblada de mujeres sin hombres, lo cual al Almirante mucho quisiera por llevar diz que a los Reyes cinco o seis de ellas, pero dudaba que los indios supiesen bien la derrota, y él no se podía detener por el peligro del agua que cogían las carabelas. Mas diz que era cierto que las había y que a cierto tiempo del año venían los hombres a ella de la dicha isla de Carib, que diz estaba de ellas diez o doce leguas, y si parían niño enviánbalo a la isla de los hombres, y si niña dejábanla consigo. Dice el Almirante que aquellas dos islas debían distar de donde había partido quince o veinte leguas.

Las Casas, poco inclinado a creer en las leyendas que circulaban en aquellos tiempos de credulidad desaforada, indica en una apostilla al margen de lo que copiaba: "Nunca esto después se averiguó que oviese tales mujeres."

Pasados varios siglos, el almirante Morison aprovechó vastos conocimientos náuticos para postular que Matininó es Martinica. Así lo declara en 1942 en la citada biografía de Colón, y lo reafirma en 1963 en su edición anotada del *Diario* y otros documentos colombinos (316).[15] Es necesario señalar que al proponer esta

---

[13]Se hallarán más informes en "Manatí: el testimonio de los cronistas y la cuestión de su etimología," en mi *Estudios de lexicología antillana*, 63-71.

[14]*Matinino* aparece en el *Diario* sin acento ortográfico. Pero no era voz llana, sino aguda. Anglería no deja la menor duda: "La isla de Matininó... con acento en la última sílaba." (Década tercera, Lib. VII, cap. 11).

[15]Escribe la palabra sin acento siempre y así le cito.

identificación Morison pasa por alto dos significativos pormenores. El primero es que Martinica no se encuentra en "aquella vía" del regreso de Colón a España. El segundo es que Matininó y Martinica, pese a su ligera homofonía, son topónimos totalmente distintos. Martinica, como es bien sabido, es el diminutivo de Martina: Martín, Martina, Martinica. Además, el nombre indígena de Martinica, según lo registra Raymond Breton, en grafía francesa en 1665, era *Ioüanacaéra*, 'Isla Iguana o de Iguana' (*Dictionaire Caraïbe-Français*, 409 y ss., especialmente 412). Por otra parte, *Matininó* es un término taíno que también puede analizarse: *Ma-* es un prefijo privativo que equivale a 'sin' o 'carente de,' *iti* es 'padre,' *ni* es un infijo subordinante, y *no* es signo plural masculino, o sea, en conjunto, 'sin-padres.' Este análisis corresponde perfectamente a la función de la isla en uno de los más bellos mitos etiológicos creados por la rica imaginación de los indoantillanos. Y nos remite al portentoso paraje adonde fueron llevadas las mujeres raptadas por el héroe cultural Guahayona en uno de los episodios en torno a los mitos de origen del pueblo taíno. En esos épicos relatos fueron codificadas la historia cultural de aquel pueblo obliterado, y la clave de su arte, su poesía, su saber y su ley.[16] Matininó, por consiguiente, tampoco es una isla del Mar caribe, o de algún otro mar, y será eternamente inasequible tanto a imaginativos almirantes de antaño como a menos imaginativos almirantes de ogaño.

Dejemos aquí la tarea de intentar resolver cuestiones colombinas que por siglos han suscitado disputas sin cuento y soluciones sin base. Y pasemos a comentar algunos pasajes ambiguos o problemáticos del *Diario*. Tres días después del arribo a Guanahaní, navegando entre islas cercanas, el Almirante halló "un indio solo que pasaba de la isla de Sancta María a la Fernandina, y traía en una almadía un poco de su pan, que sería tanto como el puño, y una calabaza de agua, y un pedazo de tierra bermeja hecha en polvo y después amasada, y unas hojas secas que debe ser cosa muy apreciada entre ellos." El "pedazo de su pan" era lo que le quedaba del cazabe que había consumido durante la travesía; la "calabaza de agua" era una

---

[16]Mayores informes en mi libro *Mitología y artes prehispánicas de las Antillas*, 2da. ed. corregida y ampliada.

especie de botija hecha de la fuerte corteza de una güira vaciada (*jigüera*), y las "las hojas secas" tan preciadas serían de tabaco. Lo que todavía se presta a dudas es el "pedazo de tierra bermeja." El destacado antropólogo dominicano Marcio Veloz Maggiolo, comentando este pasaje, ha declarado:

> El elemento fundamental, hasta ahora notado sin curiosidad por los estudiosos, es la "tierra bermeja," "hecha polvo y después amasada," es decir, con visos de humedad. Colón, excelente observador, por su finura lo califica como polvo, pero amasado. La información sobre este trozo de tierra en una canoa indígena que atraviesa el amplio mar de las islas cobra sentido si se relaciona con la costumbre geofágica de ciertas tribus sudamericanas, y aún de la Florida... Es señalable la poca guarnición alimenticia del indio. La guarnición para un viaje de días, por mar, debía ser esencial, y en el caso del lucayo esa esencialidad consistía en casabe, agua, barro y tabaco. Para este indio era, pues, tan importante en la travesía una cosa como la otra. (*Arqueología prehistórica...*, 187)

El color, textura y escasa cantidad de la sustancia descrita hace pensar que no haya sido barro amasado sino pasta de bija. En primer lugar no sé de ningún cronista que haya informado sobre casos de geofagia entre los taínos. Por lo contrario, en la minuciosa descripción de la flora antillana Las Casas expone que "Hay también unos arbolitos tan altos como estadio y medio, que producen unos capullos que... están llenos de unos granos colorados, pegajosos como cera muy tierna y viscosa. De estos hacían los indios unas pelotillas y con ellas se untaban y hacían coloradas las caras y los cuerpos... Llamaban esta color los indios *bixa*" (*Apologética historia sumaria*, Lib I, cap. 14; I, 75-76).[17]

La urgencia de hallar voces españolas para hacer comprensible

---

[17]La costumbre de adornarse el cuerpo con dibujos de variados e imaginativos diseños era tan generalizada que idearon los llamados sellos o pintaderas de los cuales se han conservado numerosos ejemplares, algunos en forma de pequeños cilindros que rodaban sobre la piel a manera de las modernas rotativas.

a sus lectores las nuevas realidades americanas llevó a Colón a imponerles términos que describían objetos parecidos, pero no iguales, deformando así su autética naturaleza. En lo ya citado se ha visto que llamó 'alfaneques' a los *caneyes*, 'almadías' a las *canoas*, 'siernas' a los *manatíes* y 'panizo' al *maíz*. En otras ocasiones recurre a breves circunloquios que a veces resultan igualmente ambiguos. Llamarle "tierra bermeja" a una pasta de bija sería uno de esos confusos circunloquios.

Citaré otro caso igualmente problemático. El viernes 21 de diciembre escribe que unos indios le traían "pan que hacen de *niames* que ellos llaman *ajes*." En realidad los ñames son unos gruesos tubérculos, de origen africano, que Colón encontró en sus viajes a Guinea; los ajes eran una variadad de los que hoy se conocen por batatas, boniatos o camotes, y el 'pan' de cazabe se hace de yuca o mandioca. Pero luego agrega que también las indias le traían "cosas de comer, pan de ajes y gonças avellanadas." Como *gonza* no aparece registrada en el DRAE, se ha prestado a varias interpretaciones. El profesor S. Lyman Tyler escribe en 1988: "Three different translators have rendered *gonza avellanada* as 'nutty colored, or nutty tasting, quince or chufa, and shriveled.' Both Morison and Vigneras in their notes carefully explain their choice of 'quince' and 'chufa,' respectively. I am still not certain about this" (*Two Worlds…*, 248).[18]

Aclaremos que en las Antillas no se cosechan mebrillos ni chufas. Lo que sí se da muy bien, y tiene tamaño, sabor y textura parecidos a las avellanas es el maní. De nuevo Las Casas confirma esta identificación. Dice: "Otra fructa tenían que sembraban y se criaba o hacía debajo de la tierra, que no eran raíces sino lo mismo que el meollo de las avellanas de Castilla… Llamábase *maní*, la

---

[18]Como el lector tal vez quiera saber cuáles han sido las explicaciones de los referidos traductores, citaré a manera de muestra las de Morison. Dice: "6. *gonca* [sic] *avellanada*, a doubtful and possibly corrupted reading; Professor J.D.M. Ford assigned this as the literal meaning. There are four native American fruits that might have seemed quinces to the Admiral, and are brown or ashy gray in color, and shrivelled when fully ripe: *Achras zapota*, the Sapodilla; *Annona muricata*, the Sour-sop; *A. reticulata*, the Custard-apple; and *A. squamosa*, the Sweet sop. All are native to the West Indies except the first, which originated in South America, but may have been cultivated in Haiti as early as 1492" (*Journal and Other Documents…*, 130, nota 6).

última sílaba aguda, y era tan sabrosa que avellanas ni nueces, ni otra fructa seca de las de Castilla, por sabrosa que fuese, se le podría comparar" (*Historia apologética*, Lib. I, cap. 10; I, 61-62).

Queden otras apuntaciones y comentarios para la edición crítica que tal vez tenga tiempo de terminar. En tanto, volvamos a Colón, no ya para puntualizar cómo el genial genovés vislumbró a las Antillas a fines de 1492, sino para declarar cómo un antillano de hoy vislumbra a Colón ya pasadas las vísperas de 1992. Consignaré, ante todo, que no comparto la postura de quienes le acusan de mentir, engañar, deformar. Careciendo de una lengua y una cosmovisión en común para entender a sus guías, tuvo que interpretar como pudo los gestos que estos le hacían. Si no acertó siempre, acertó más que muchos de los que han pretendido corregirlo y a veces denigrarlo. El caso de Baneque es por demás elocuente: registró la distancia y el rumbo correctos y correctamente transcribió el nombre. Y ha sido sólo al cabo de cinco siglos que se ha reconocido la veracidad de sus apuntes. E igual puede decirse del esfuerzo para expresar en el viejo idioma de Castilla las asombrosas realidades del Nuevo Mundo. Ese esfuerzo, de raigal importancia cultural, inició la adaptación y enriquecimiento de la lengua que hoy se habla en toda Hispanoamérica.[19]

Debo asimismo consignar que si aquel viaje trajo como secuela el encuentro y choque de diversas y antagónicas culturas (y de sus más calamitosas consecuencias me he ocupado en otra parte; ver "Las dos caras de la conquista..." y "El Caribe en vísperas del V Centenario"), también comenzó el trascendental trasiego, en ambas direcciones, que ha mezclado siempre el Viejo y el Nuevo Mundo. Aceptemos que el cruce del Atlántico era ya inevitable y sus resultados son hoy irreversibles. Al aproximarse el nuevo milenio es mi esperanza y mi anhelo que cerremos cinco siglos de triunfalismos vacíos y de recriminaciones inútiles y principie una era de comprensión y mutuo respeto. Y el primero a quien debemos comprensión y respeto es a Cristóbal Colón, el intrépido navegante que con su

---

[19]He descrito los mecanismos empleados por Colón y sus diversos resultados en "La otra hazaña de Colón o la epifanía de América"; ha sido recogido en mi libro *Imaginación del Nuevo Mundo: diez estudios sobre los inicios de la narrativa hispanoamericana.*

gesta inauguró la Edad Moderna.

EMERITUS, YALE UNIVERSITY

Lista de obras citadas

Arrom, José Juan. "Baneque y Borinquen: Comentarios en torno a un enigma colombino." En *Estudios de lexicología antillana*. La Habana: Casa de las Américas, 1980. 73-88.

——. "El Caribe en vísperas del V Centenario."

——. *Estudios de lexicología antillana*. La Habana: Casa de las Américas, 1980.

——. *Imaginación del Nuevo Mundo: diez estudios sobre los inicios de la narrativa hispanoamericana*. México: Siglo XXI,.

——. "La otra hazaña de Colón o la epifanía de América." *Anuario L/L. Instituto de Literatura y Lingüística de la Academia de Ciencias de Cuba*. 9 (1978): 5-23.

——. "Las dos caras de la conquista: de las opuestas imágenes del otro al debate sobre la dignidad del indio."

——. "Manatí: el testimonio de los cronistas y la cuestión de su etimología." En *Estudios de lexicología antillana*. 63-71.

——. *Mitología y artes prehispánicas de las Antillas*. 2da. ed. corregida y ampliada. México: Siglo XXI, 1988.

Breton, Raymond. *Dictionnaire Caraïbe Français, réimprimé par Jules Platzman*. Leipzig, 1892.

Dunn, Oliver y James E. Keller, Jr. *The Diario of Christopher Columbus' First Voyage to America, 1492-1493*. Norman y Londres: U of Oklahoma P, 1988.

de Las Casas, Fray Bartolomé. *Apologética historia sumaria*. Edición preparada por Edmundo O'Gorman. México: Universidad Nacional Autónoma de México, 1967.

Fuson, Robert H. "The Landfall Theories." En *The Log of Christopher Columbus*. Camden, Maine: International Publishing Co., 1987. 199-208.

Lloréns Torres, Luis. *América (estudios históricos y filológicos*. Madrid y Barcelona, 1898; 2da. edición, San Juan de Puerto Rico, 1967.

Morison, Samuel Eliot. *Admiral of the Ocean Sea. A Life of Christopher Columbus*. Boston: Northeast UP, 1983.

——. *Journal and Other Documents on the Life and Voyages of Christopher Columbus*. New York: The Heritage Press, 1963.

Pérez de Oliva, Hernán. *Historia de la invención de las Indias*. Bogotá: Instituto Caro y Cuervo, 1965.

Tyler, S. Lyman. *Two Worlds. The Indian Encounter with the Europeans, 1492-1509*. Salt Lake City: U of Utah P, 1988.

Vallés Formosa, Alba. "En demanda de la isla de Baneque." *Revista del Instituto de Cultura Puertorriqueña*, 10.36 (julio- septiembre 1967): 3-5.

Veloz Maggiolo, Marcio. *Arqueología prehistórica de Santo Domingo*. Singapore, etc.: McGraw Hill Far Eastern Publications, 1972.

Vorsey, Jr., Louis D. y John Parker. *In The Wake of Columbus. Islands and Controversy*. Detroit: Wayne State UP, 1985.

Wilson, Samuel M. *Hispaniola. Caribbean Chiefdoms in the Age of Columbus*. Tuscaloosa y Londres: U of Alabama P, 1990.

Magic Realism: An Annotated International Chronology of the Term

SEYMOUR MENTON

ince 1955 the term Magic Realism has been used with increasing frequency to describe post-World War II Latin American fiction that has gained international renown through the works of Jorge Luis Borges, Nobel Prize winners Miguel Ángel Asturias (1967) and Gabriel García Márquez (1982), Alejo Carpentier, Julio Cortázar and many others. At the same time critics of Latin American literature have become increasingly concerned about the looseness with which this term has been used. At the 1973 convention of the Instituto Internacional de Literatura Iberoamericana, Emir Rodríguez Monegal, in the keynote address, actually advocated discarding the term because critics were engaging in a *diálogo de sordos* 'a dialogue among the deaf.' In other words, there was no common agreement on its precise meaning.

Nevertheless, since 1973, the term has continued to be used by critics of Latin American literature and it is being increasingly applied to American, European, Asian and African writers who share with Borges and García Márquez, either through direct influence or coincidence, a similar *Weltanschauung*, similar themes and similar stylistic devices. In 1984, David Young and Keith Hollaman published a 519-page anthology entitled *Magical Realist Fiction* in which Magical Realism is unfortunately construed as including Surrealism, the tall tale, science fiction and the fantastic. The selections range from Gogol's "The Nose" (1836) to Kundera's "The

Nagel" (1980). In 1987, *Los Angeles Times* book critic Richard Eder published an article entitled "Magic Realism in America" in which he applied the term to three recent American novels: Mark Helprin's *Winter's Tale* (1983), George Trow's *The City in the Mist* (1984), and Toni Morrison's *Beloved* (1987). The publication in the same year— 1987—of *Le Réalisme magique. Roman, peinture et cinéma* 'Magic Realism. Novel, Painting and Cinema' by a team of researchers at the Centre d'Etude des Avant-gardes Littéraires of the Université Libre de Bruxelles confirms the existence of Magic Realism as an international artistic and literary current, no matter how difficult it may be to define precisely.

In order for Magic Realism to have validity as a critical term, it must be placed in its historical context. What has prevented Latin Americanists from reaching an agreement on a precise definition is their division into two camps which may be labeled as Americanist and Internationalist. According to the former, Latin American culture in general is clearly distinguishable from European and United States culture because of the mythological elements in its Indian and African substrata. Therefore, any author or artist from the time of the Conquest on who succeeds in capturing the magic that pervades Indian or Afro-American culture in Guatemala or Cuba, for example, is a Magic Realist. Among the works most frequently cited by the Americanists are Miguel Angel Asturias's *Legends of Guatemala, Men of Corn,* and *Mulatta,* and Alejo Carpentier's *The Kingdom of This World* with its pseudo-theoretical prologue in which Carpentier further complicated matters by making a distinction between European Surrealists who had to invent strange, unusual and even impossible situations and Latin American practitioners of *lo real maravilloso* 'the marvelous real'— Carpentier's term—who only had to record the "marvelous" elements which were an integral part of Latin American culture. The similarity of the terms Magic Realism and *lo real maravilloso* coupled with the fact that Asturias and his devotees referred to his novels and stories as being magic realist have prevented the Americanist camp from recognizing the distinctions between the two terms. Furthermore, Asturias, Carpentier and other writers who attempt to capture the strange, marvelous, magic world of the Indians and Blacks tend to use an ornate, neobaroque style which is the antithesis of the laconic style of a Jorge Luis Borges whose Magic Realism stems from his own special way of looking at the world, which clearly resembles that of several European, United States and Latin American painters as well as authors from roughly 1918 to 1981.

Since everyone agrees that the term Magic Realism was coined by German art critic Franz Roh in his 1925 book entitled *Nach-Expressionismus, magischer Realismus. Probleme der neuster europäischer Malerei* 'Post-Expressionism, Magic Realism. Problems with the Most Recent European Painting,' the proponents of the internationalist interpretation of Magic Realism argue for the recognition and acceptance of a tendency, prevalent in international painting and literature within a given time frame. In other words, Magic Realism deserves to be recognized much in the same way as the Baroque, Neoclassicism, Romanticism and Surrealism are recognized.

Because of the disparity among international as well as Latin American art and literary critics in their use of the term Magic Realism, its evolution from 1925 to the present must be documented as thoroughly as possible.

Although the term Magic Realism originated with German art critic Franz Roh, it has not been used consistently even in Germany where it has been for the most part preempted by the *Neue Sachlichkeit* or New Objectivity. However, since the late 1960s, renewed interest in German painting of the 1920s has helped resurrect the term Magic Realism, and, if it were ultimately to prevail through Latin American prose fiction, its very trajectory from beginning to end would be sprinkled with a touch of magic, as the following chronological survey will reveal.

1925

Franz Roh's book boldly contrasted the Expressionist painting of 1890-1920 with the succeeding tendency of Magic Realism on the basis of twenty-two different characteristics following the method used by Roh's mentor Heinrich Wöllflin in 1910 to distinguish between renaissance and baroque art. Roh also commented on the manifestations of Magic Realism in other countries of western Europe, and pointed out similar tendencies in the other arts.

Although there is no indication in the 1925 book that Roh had used the term previously, in 1958 he claimed to have coined the phrase in 1924: "In an article written in 1924 I coined the phrase Magischer Realismus" (70). The article in question is not cited by Roh, but, according to Fritz Schmalenbach, it was "Ein neuer Henri Rousseau," 'A New Henri Rousseau' and the term employed was not *Magischer Realismus* but rather *Magie der Gegenständlichkeit*. Referring to Max Beckmann's remarks of 1918, Schmalenbach says: "als Ergebnis dieser transzendenten Sachlichkeit hatte er sicherlich nicht das Gleiche, aber doch wohl etwas Ähnliches im Sinn wie das, was Franz Roh, 1924, von Bildern Henri Rousseau's sprechend, 'Magie der Gegenständlichkeit' genannt hat" 'as a result of this transcendental objectivity, he certainly did not have in mind the equivalent but rather something similar to what Franz Roh, speaking of Henri Rousseau's paintings, had called in 1924, the "Magic of Objectivity"' (73). Roh's three-page article analyzes Rousseau's 1897 *Sleeping Bohemian* and then discusses the artist's importance as the initiator of the new more static movement in opposition to the dynamic art of Cézanne and Van Gogh: "Heute, wo wir die statischirer Weltdeutung überzugehen scheinen, wissen wir, dass wir auch darin Anbahner hatten" 'Today when we seem to be changing over into a static view of the world, we know that we had here a forerunner' (71). Although some of the basic ideas for the 1925 book are presented in skeletal form, nowhere does the term *Magischer Realismus* appear.

Unsubstantiated earlier claims have also been made *by* the artist Heinrich Maria Davringhausen, and *for* the art critic and Mannheim museum director Gustav F. Hartlaub. Emilio Bertonati is the only critic who records Davringhausen's claim that the term Magic Realism was first used in 1922 at a Munich exhibition to describe his painting *Spielendes Kind* 'Child Playing,' with the disclaimer that he received the information orally from Davringhausen himself: "Dasselbe gilt im Grunde für den etwas weniger verbreiten Begriff des 'Magischer Realismus,' mit dem Franz Roh diese künstlerische Konzeption definierte und der—nach einem mündlichen Zeugnis Davringhausens—zum erstenmal bei einer seiner Ausstellung 1922 in München aufkam und zwar in Zusammenhang mit seinem in jenem Jahr entstandenen Gemälde *Spielendes Kind*" 'The same holds true for the somewhat less widely diffused idea of Magic Realism with which Franz Roh defined this artistic conception and which—according to an oral statement by Davringhausen—came into use for the first time in one of his exhibitions in Munich in 1922, and, to be sure, in reference to his painting 'Child Playing' which dates from the same year' (11).[1]

H.H. Arnason claims that Hartlaub applied the term Magic Realism to Max Beckmann as early as 1923: "Beckmann's attitude growing out of Expressionism but adding precise though distorted reality was defined as Magic Realism in 1923 by G.F. Hartlaub, director of the Kunsthalle in Mannheim, and documented in an exhibition at that museum in 1925. The term Magic Realism was also proposed by the critic Franz Roh" (133-134). However, since Arnason does not document his statement and a survey of the literature on Max Beckmann fails to corroborate his claim, we may continue to assume that Franz Roh indeed coined the term *Magischer Realismus* in 1925.

In spite of the fact that Roh's book was the only authoritative study of post-Expressionist painting until the late 1960s, Magic Realism as a term met stiff competition in Germany from other proposed terms. In addition to Max Beckmann's 1918 *tranzendenten Sachlichkeit* 'Transcendental Objectivity,' Schmalenbach records several other early names for the reaction against Expressionism: "*Neonaturalismus* 'Neo-naturalism' (1920, Hartlaub), *neuer Naturalismus* 'New Naturalism' (1921, 1922, 1923, 1924), *neuer Realismus* 'New Realism' (1921), *neue Gegenständlichkeit* 'New Objectivity' (1922, 1923, 1924), *Nach-Expressionismus* 'Post-Expressionism' (1924, O.M. Graf), *idealer Realismus* 'Ideal Realism' (1925, G.A. Slander), *Objektivität* 'Objectivity' und *Dinglichkeit* 'Reality' (72). The relatively clearcut victory of the *Neue Sachlichkeit* 'New Objectivity' stems from its use as the title of Hartlaub's 1925 Mannheim exhibition (June 14-September 23) of one hundred twenty-four paintings by thirty-two artists. This same exhibition

---

[1] Davringhausen's painting is not reproduced in any of the books I have consulted nor have I have been able to locate it either in the original or in slides, even in Munich.

was shown in the autumn of 1925 in Dresden, Chemnitz, Erfurt, Dessau, Halle and Jena. Similar exhibitions, all with the title of *Die Neue Sachlichkeit*, were held in Berlin (1927), in Hannover (1928 and 1932) and in Amsterdam (1929). During this period, according to Wieland Schmied, no exhibition of the paintings that Roh had labeled as Magic Realism bore that name (259-61). In fact, the only "titular" dissent from *Neue Sachlichkeit* was the Hannover exhibition of 1933, entitled *Neue deutsch Romantik* 'New German Romanticism,' which was limited to works by Kanoldt, Schrimpf and Radziwill. The term *Neue Sachlichkeit* is also used much more frequently than *Magischer Realismus* in referring to German literature of the 1920s, although Wilhelm Duwe in his 1962 *Deutsche Dichtung des 20 Jahrhunderts* 'Twentieth Century German Literature' devotes separate chapters to *Neue Sachlichkeit* and *Magischer Realismus*.

1926

The Austrian writer Franz Werfel commented on the popularity of Magic Realism in Paris in his 1926 story "A Man's Secret": "In Paris, they've known it for some time now. And in all the small store windows of the Rue de la Boétie you find it: Magic Realism. That's the new slogan. Not art for art's sake, not solving formal problems, nor distortions but rather things just as they are, and the story they tell, and of course, their other side too" (394).

1926-1929

Massimo Bontempelli (1878-1960), Italian short-story writer, novelist and critic, defined and campaigned in his journal *900. Novecento* for *realismo magico*, in both painting and literature. The journal was originally published only in French as a quarterly, *900. Cahiers d'Italie et d'Europe*, from November 1926 to the summer of 1927 (509-517). From the fall of 1927 to the summer of 1928, two editions were published, in French and Italian. In its final year, from July 1928 to June 1929, it became a monthly published only in Italian. The complete list of collaborators included a distinguished array of non-Italians: Ilya Ehrenburg, Ramón Gómez de la Serna, James Joyce, George Kaiser, André Malraux, André Maurois, Pablo Picasso, Stephan Zweig and Uruguayan critic Alberto Zum Felde.

Bontempelli rejected the *psicologismo* of nineteenth-century authors as a manifestation of "verismo crepuscolare e piccolo borghese" 'dying petit bourgeois realism' (*Letteratura italiana*, I, 240). Some of his statements closely parallel those of Roh, the German artists and other critics. He insists on discovering the magic quality of every-day life and things: "Questo é puro 'novecentismo,' che rifiuta così la realtà per la realtà come la fantasia per la fantasia, e vive del senso magico scoperto nella vita quotidiana degli uomini e delle cose" `This is pure *Twentiethcenturyism*, which rejects both reality for the sake of reality and fantasy for the sake of fantasy, and lives with the sense of magic discovered in the daily life of human beings and things' (241). Like most of the Magic Realists, Bontempelli viewed the world optimistically: "to clothe in a smile the most sorrowful things, and with wonderment the most common things" (Donadoni, II, 642). Bontempelli also concurred with Roh in recognizing that the roots of Magic Realism could be found in the "realismo preciso, avvolto in un'atmosfera di stupore lucido" 'precise realism enveloped in an atmosphere of lucid amazement' (*Letteratura italiana*, 241) of fifteenth-century Italian artists like Masaccio, Mantegna and Piero della Francesca. Bontempelli's own style constituted a reaction against futuristic experimentation, against musicality; it was rather an echo of constructivist clarity with classical overtones: "Si pensi che la pur stravagante prosa di Bontempelli veniva immediatamente dopo le ben più intemperanti esperienze futuriste e ristabiliva un equilibrio quasi clasico dopo tanta improvvisazione... sacrifica quotidianamente la interpretazione musicale della frase e il tessuto della pagina alla sua maggiore necessità di gioco intellettuale... chiarezza costruttiva... nettezza della espressione" 'consider that Bontempelli's strange prose was coming immediately after the Futurists' most intemperate experiments and that he was reestablishing an almost classic equilibrium after so much improvisation... he sacrifices every day the musical rendering of the sentence and the texture of the page for his greater need for intellectual play... structural clarity... neatness of expression' (254). Where Bontempelli differs from Roh, however, is in enlarging the purview of Magic Realism to include the depiction of magical events with realistic techniques: "i fatti magici raccontati con la naturalezza e la verosimiglianza della realtà" 'the magic facts narrated with the naturalness and verisimilitude of reality' (245).

1927

A little more than one fifth of Roh's book was published in the highly prestigious and widely circulated Madrid journal, José Ortega y Gasset's *Revista de Occidente*, 16 (April-May-June, 1927). Significantly, "Post-Expresssionism" was dropped from the title, thus moving "Magic Realism" into greater prominence: "Realismo mágico. Problemas de la pintura europea más reciente" 'Magic Realism. Problems of the Most Recent European Painting.' That same year, the *Revista de Occidente* published Fernando Vela's translation of the entire book under the title *Realismo mágico, post expresionismo. Problemas de la pintura europea más reciente.*

According to Enrique Anderson Imbert, the Spanish edition of Roh's book, and therefore the term *realismo mágico*, became widely known in Argentine literary circles. His words also bear witness to the international dimensions of the tendency.

En 1927 Ortega y Gasset hizo traducir el libro de Franz Roh para su *Revista de Occidente*; y entonces lo que en alemán era un mero subtítulo—*Nach Expressionismus (Magischer Realismus)*— en español fue ascendido a título: *Realismo mágico.* Este término era, pues, muy conocido en las tertulias literarias de Buenos Aires que yo frecuentaba en mi adolescencia. La primera vez que lo oía aplicado a una novela fue en 1928, cuando mi amigo Aníbal Sánchez Reulet—de mi misma edad—me recomendó que leyera *Les enfants terribles* de Jean Cocteau: "puro realismo mágico," me dijo. En el círculo de mis amistades, pues se hablaba del "realismo magico" de Jean Cocteau, G.K. Chesterton, Franz Kafka, Massimo Bontempelli, Benjamín Jarnés et al.

In 1927, Ortega and Gasset had Franz Roh's book translated for his *Revista de Occidente*; and then, what in German was a mere subtitle—*Nach Expressionismus (Magischer Realismus)*—in Spanish was promoted to a title: *Realismo mágico.* This term was, then, very well known in the Buenos Aires literary circles that I frequented in my adolescence. The first time that I heard it applied to a novel was in 1928, when my friend Aníbal Sánchez Reulet, of my own age, recommended that I read Jean Cocteau's *Les enfants terribles*: "pure Magic Realism," he said to me. Among my friends, the Magic Realism of Jean Cocteau, G.K. Chesterton, Franz Kafka, Massimo Bontempelli, Benjamín Jarnés et al was discussed. (177-78)

The *Revista de Occidente* was well known at the time, not only in Buenos Aires, but throughout Latin America in general. Speaking for Venezuela, Guillermo Meneses (1911) refers to the formation of his own literary generation: "De más está decir que era Ortega y su *Revista de Occidente* la cúspide de los conocimientos que de España nos llegaban. La *Revista de Occidente* significaba información sobre todo lo que se producía en Europa. La *Revista de Occidente* nos daba la versión española de filósofos, novelistas, tratadistas alemanes, ingleses, franceses y la vastísma distribución de los nuevos valores de lengua castellana" 'It's common knowledge that Ortega and his *Revista de Occidente* were the peak of the cultural news that reached us from Spain. The *Revista de Occidente* meant information about everything that was being produced in Europe. The *Revista de Occidente* provided us with the Spanish version of German, English and French philosophers, novelists and essayists plus the vast distribution of the new Castilian-language writers' (36).

Thus, Franz Roh's book was certainly known in literary circles throughout Spain and Spanish America even though it was not and still has not been translated into any other foreign language except Spanish.

1930

In his review of André Breton's *Nadja*, published in Lima, José Carlos Mariátegui, Peru's well-known Marxist essayist, argued in favor of Massimo Bontempelli's formula for Magic Realism: "Restaurar en la literatura los fueros de la fantasía, no puede servir, si para algo sirve, sino para restablecer los derechos o los valores de la realidad. Los escritores, menos sospechosos de compromisos con el viejo realismo, más intransigentes en el servicio de la fantasía, no se alejan de la fórmula de Massimo Bontempelli: 'realismo mágico.' No aparece en ninguna teoría del novecentismo beligerante y creativa la intención de jubilar el término realismo, sino de distinguir su acepción actual de su acepción caduca, mediante un prefijo o un adjetivo. Neorrealismo, infrarrealismo, suprarrealismo, 'realismo mágico.'" 'The restoration in literature of the rights of fantasy can serve, if it can serve at all, only to reestablish the rights or values of reality. The writers who are the least likely to be suspected of a commitment to the old realism and who are the most committed to fantasy do not deviate from Massimo Bontempelli's magic realist formula. There does not appear in any theory of belligerent and creative twentieth-centuryism the intention to retire the term Realism but rather to distinguish its current usage from its old decadent usage through the use of a prefix or an adjective. Neorealism, Infrarealism, Suprarealism, Magic Realism' (179).

The German art critic Guido Kaschnitz-Weinberg applied the term Magic Realism to Roman mask-portraits while distinguishing them from Greek sculpture in his article "From the Magic Realism of the Roman Republic to the Art of Constantine the Great." Although the word "magic" in this context has clear religious connotations, it is obvious from the following quotes that the author was aware of the characteristics of the German Magic Realists of the 1920s:

> The real tendencies of Roman art... did not consist in translating natural phenomena by plastic symbols but in copying forms directly, in presenting them as succedaneous things and by the conferring on them of a religious signification. It is this alloy of absolute realism and of magical substrata that characterizes the beginnings of an art that was confined within the limits of the Latriem region and the town of Rome;... Not the slightest trace of the Hellenistic pathetic remains; the naked and prosaic feature... is allied to a cubic statism;... Under Constantine, art arrives at a unique moment when the equilibrium between the ephemeral world and the hereafter becomes perfect. (7,9,10)

1931

Although Magic Realism exists in French painting in the 1920s and early 1930s, the only use of the term that I have been able to discover is in Waldemar George's article "Pierre Roy et le réalisme magique," published in the Parisian journal *Renaissance*. George's understanding of *réalisme magique* is clearly similar to that of Roh and Bontempelli even though he never mentions the term nor its origins in the body of the article: "L'apport de Pierre Roy c'est la prescience des relations intimes qui existent à l'état sousjacent entre les objets d'usage les plus communs, entre les faits inhérents à la vie quotidienne. Il suffit que l'artiste ouvre d'une pression du pouce sa boîte à surprises pour faire jaillir de la banalité un élément merveilleux, insolite, un mirage, une illumination" 'Pierre Roy's contribution is the perception of the intimate relationships that exist below the surface among the most commonly used objects, among the facts inherent in daily life. All the artist has to do is open his surprise box with a push of the thumb in order to have a marvelous, unusual element, a mirage, an illumination spring forth from banality' (93). George also wrote the introduction for Roy's 1930 New York exhibition catalogue.

1932-1939

In the Netherlands, as opposed to what happened in Germany, the term *Magische Realisme* prevailed over *Niewe Zakelijkheid*, which was introduced at the 1929 Amsterdam exhibition of German artists: "In the early thirties it [New Objectivity] was abolished again, except for architecture. Since then the most common names have been Magic Realism and New Realism, and these gained a more specific meaning when finally they were used almost exclusively in connection with Hynckes, Koch and Willink, who, though they did not have a common programme or art theory, and did not even exhibit together as a group, were nearly always brought together in art literature" (Blotkamp, p. i).

Of the three artists, Carel Albert Willink (1900) is definitely the most famous. He is also one of the most consistent among all artists in adhering to the magic realist style, his sharp-focus portraits spanning a period from 1926 to the 1970s. Yet, oddly enough, he preferred not to be called a Magic Realist nor a Surrealist and invented still another term for the same phenomenon: "mijn kunst is meer *imaginair* realisme" 'my art is more Imaginary Realism' (77).

The Dutch literary counterparts of the three magic realist painters published a review in the early 1930s entitled *Forum* "in reaction against Hendrik Marsman's 'Vitalism,' a frantic version of German Expressionism" (Wakeman, 1487). One of its literary editors in 1934-1935 was Simon Vestdijk (1898-1971), a prolific writer of novels, short stories and poetry who was the Dutch Nobel Prize candidate in the 1960s. Although he actually called himself a "psychological realist" (Wakeman, 1486), many of the typically magic realist traits may be found in his short story "The Watchmaker Vanishes" (c. 1945) and in his novel *The Garden Where the Brass Band Played* (1950): precision, objectivity, strange juxtapositions and a matter-of-fact tone.

The preeminence of Magic Realism among Dutch painters and authors in the early 1930s may be partially explained by the fifteenth-century Dutch and Flemish painters whose ultra-sharp focus became perhaps the single most dominant feature of most magic realist paintings of the 1920s and 1930s. Jan van Eyck (1380-1440) is generally recognized as the master of this technique. According to H. Focillon, "every aspect of reality has a mystic quality for Van Eyck; he finds himself face to face with an object as if he were discovering it for the first time" (6).

1937-1938

In a series of radio lectures in late 1937 and early 1938, Mexico's most distinguished twentieth-century dramatist Rodolfo Usigli made the distinction between Realism and Magic Realism but in very broad terms and without referring to either Roh or Bontempelli: "La magia aparece en el lenguaje del diálogo, en la selección de los hechos, en la animación de los caracteres, por encima del tema, que viene a ser lo único realista" 'the magic appears in the language of the dialogue, in the choice of events, in the characters' coming alive beyond the theme, which is the only realistic [aspect of the play]' (118).

1938

Massimo Bontempelli published a 554-page volume grouping by topics many of the articles that appeared in his journal *900* from 1926-1929, and others from 1929 to 1933. The title and the contents bear testimony to the survival of the term Magic Realism through the years of the Depression: *L'avventura novecentista. Silva polemica (1926-1938). Dal "realismo magico" allo "stile naturale."* *Soglia della terza epoca* 'The Twentieth-Centuryism Adventure. Polemical Silva [1926-1938]. From 'Magic Realism' to the 'Natural Style,' Threshold of the Third Period.'

1942

Alfred H. Barr, director of the Museum of Modern Art in New York, defined Magic Realism in *Painting and Sculpture in the Museum of Modern Art* as "a term sometimes applied to the work of painters who by means of an exact realistic technique try to make plausible and convincing their improbable, dreamlike or fantastic visions."[2] Barr was undoubtedly thinking of painters like Ivan Albright (1897), Louis Guglielmi (1906-1959) and the Peter Blume (1906) of the early 1930s who have continued to be classified as Magic Realists by Barbara Rose (108) and other art critics even though they more appropriately belong with the Surrealists.

1943

Just as the 1925 Mannheim exhibition drew together under the title *Die Neue Sachlichkeit* the various kinds of magic realist painting that had been going on in Germany since 1918, the 1943 New York exhibition of *American Realists and Magic Realists* grouped together not only the "sharp focus and precise representation" (Miller, 5) painters of the 1920s and 1930s but also included a small group of nineteenth-century painters to show the "long-standing American interest in this kind of painting: the meticulous still-life painting by Raphaelle Peale in the 1820s, of William Harnett in the '80s... the Magic Realism which often appears in American folk painting—in the childlike but convincing juxtapositions of Edward Hicks" (Miller, 5). The two key twentieth-century figures in the exhibition were Charles Sheeler (1883-1965) and Edward Hopper (1882-1967). Lincoln Kirstein, who wrote the introduction for the exhibition book, recognized the typically American character of Sheeler and Hopper but he linked the younger

---

[2]Quoted in Dorothy C. Miller and Alfred H. Barr, editors, *American Realists and Magic Realists*, 5.

American artists to the German practitioners of the *Neue Sachlich-keit* and their counterparts in France and in England:

> When we come to living artists, we have immediate forebears who are more strictly North American than perhaps any other of our painters. Indeed, throughout Latin America they have the dubious distinction of being known as the Frigidaire School—Sheeler with his sliderule conquests and Edward Hopper's lonely capture of our monotonous urban nostalgia.
>
> But among other and younger painters in this show something else is apparent. There is a new departure, a new objectivity in fact, which strongly recalls the *Neue Sachlichkeit* of the nineteen-twenties, that attitude ferociously expressed in Germany by Otto Dix, in France rather timidly by Pierre Roy and in England by Edward Wadsworth. In Germany, where the movement had a major importance, it was recognized as an overt reaction against the abstractions of Kandinsky and Mondrian on the one hand and the emotionalism of Nolde and Kokoschka on the other. This New Objectivity was human and concrete though often cruel, exact though frequently fantastic, almost always meticulous. Usually, with all economic or social reasons aside, it might be interpreted as a desire for responsibility and self-discipline after the unlicensed waste of the first World War and the accidental rot of its ensuing peace. (Miller, 8)

Strangely enough, throughout this book no mention is made of Franz Roh and his definitive 1925 critical study. Nor had Alfred Barr mentioned Roh or Magic Realism in his introduction to the 1931 Museum of Modern Art exhibition *Modern German Painting and Sculpture*. This exhibition included three representatives of the *Neue Sachlichkeit*, Grosz, Dix and Schrimpf, and Barr perceived it as an international movement, but he apparently was unaware of the term Magic Realism at that time: "The movement is strongest in Germany but has adherents in other countries—Herbin, Pierre Roy, Picasso at times, Severini, Ivan Baby, and others in Paris; the novecentisti in Italy; in English, Wadsworth, Richard Wyndham, and Laura Knight; in America, Charles Sheeler, Edward Hopper, Stefan

Hirsch, and Katherine Schmidt" (Barr, 13). Barr quotes from a letter by G.F. Hartlaub published in *The Arts* (January 1931) thus indicating that he was familiar with the origin of the term *Neue Sachlichkeit* and the 1925 Mannheim exhibition.

The major problem about the term Magic Realism, whether it be among Latin American literary critics or German, Italian, and American art critics, is that it means different things to different people. Barr's inclusion of artists like Albright, Guglielmi and Blume in the exhibition confuses Magic Realism and Surrealism. Kirstein recognized the problem but he blithely dismissed it by stating that none of the artists in the exhibition were official members of the surrealist group:

By a combination of crisp, hard edges, tightly indicated forms and the counterfeiting of material surfaces such as paper, grain of wood, flesh or leaf, our eyes are deceived into believing in the reality of what is rendered whether factual or imaginary. Magic Realism is an application of this technique to the fantastic subject. Magic Realists try to convince us that extraordinary things are possible simply by painting them as if they existed. This is, of course, one of the several methods used by surrealist painters—but none of the artists in this Exhibition happens to be a member of the official surrealist group. (Miller, 7)

Precisely what distinguishes the Magic Realists from the Surrealists, as Roh recognized, is that the latter apply the technique "to the fantastic subject," to the "imaginary," to "extraordinary things" while the former apply it to "factual" reality imbuing it with a strange, uncanny, eery character.

The term Magic Realism has continued to be used up to the present by some American art critics who either equate it with Surrealism or correctly distinguish between the two. On the other hand, some ignore it completely.[3]

---

[3]Barbara Rose uses the term magic realism for both the quasi-surrealists like Albright and Blume (129-130), and artists like Honoré Sharrer, George Tooker and Paul Cadmus who "continued to work in a manner that could be characterized as Magic Realist, in that it married a highly cultivated,

After reading an article about Bontempelli in *Le Nouveau Journal* (Brussels, Aug 20, 1943), Flemish author Johan Daisne adopted the term "magischer-realisme" preferring it to "fantastische-realisme" which had been applied to his first important novel *De Trap van steen en wolken* 'The Stairway of Stone and Clouds' (1942).

1948

Arturo Uslar Pietri, Venezuelan novelist, short-story writer and literary historian, was the first to refer to Magic Realism in the context of Latin American literature, specifically in regard to his Venezuelan contemporaries of the Generation of 1928. Uslar became familiar with the term in Paris in 1929 through his friendship with Bontempelli.[4] This is one of the clearest links between the European Magic Realism of the 1920s and the Latin American use of the term in the post-World War II era. Nonetheless, Uslar's "definition" is obviously too imprecise: "la consideración del hombre como misterio en medio de los datos realistas. Una adivinación poética o

---

precise technique and slick, polished surfaces with a perverse version of the everyday" (130). William Agee apparently equates Surrealism and Magic Realism by hyphenating them in his introduction: "Surrealism-Magic Realism attracted a great deal of attention in the U.S. during the 1930s." Edgar P. Richardson, in *Painting in America*, does not even mention Magic Realism although he comments on Sheeler, Hopper, Ben Shahn and Andrew Wyeth. The American art historian who seems to have the clearest understanding of Magic Realism is Sam Hunter. In his *Modern American Painting and Sculpture*, he gives in his glossary a fairly accurate definition (the "bizarre and violent fantasy" is more appropriately labeled Surrealism), establishes the continuity between the German movement of the 1920s and the American movement of the 1930s and 1940s, and identifies three of its famous practitioners:

> An extremely meticulous naturalism which is intense in mood and has existed since the period of the New Objectivity in Germany. Among recent Americans, Ben Shahn, Andrew Wyeth and Henry Koerner have worked this genre combining careful craftsmanship often with bizarre and violent fantasy. Most artists of this tendency, however, seem to prefer the realistic or the magical in their painting equation and rarely surrender their hold on visual facts, which they reproduce in clinical detail. (192)

[4]See Domingo Miliani, *Uslar Pietri, renovador del cuento venezolano*, 208-24.

una negación poética de la realidad. Lo que a falta de otra palabra podría llamarse un realismo mágico" 'The view of man as a mystery in the midst of realistic facts. A poetic conjuring up or a poetic rejection of reality. What for lack of another word, could be called Magic Realism' (161).

Only three years after the end of the war, Gerhart Pohl proposed in the monthly journal *Aufbau* what he considered a new term "Magischer Realismus" to characterize post-World War II German literature. Although he states that he has been familiar with the term for a few years, he makes absolutely no reference to Franz Roh or to Ernst Jünger. He conceives of Magic Realism as the presence of the traditional German spiritual, mystical, metaphysical and irrational elements in an essentially realistic setting. He singles out the novel *Die Stadt hinter dem Strom* 'The City Across the River' (1947) by Herman Kasack (1896-1966) as the masterpiece of Magic Realism and one of the most important of the German post-World War II books. He also praises Elisabeth Langgässer (1899-1950) for her poetry and her 1946 novel *Das unauslöschliche Siegel* 'The Ineffaceable Seal.' Pohl's article is commented on in the same issue in two letters to the editor, one pro and one con but neither one seems to be aware of Roh's invention and definition of the term in relation to the post-expressionist painters of the 1920s.

1948-1949

Alejo Carpentier, Cuban novelist and former associate of the French Surrealists in Paris, published an essay entitled "Lo real maravilloso" in the Caracas newspaper *El Nacional*,[5] which was reproduced in 1949 as the prologue to his well-known novel based on Haitian history, *El reino de este mundo* 'The Kingdom of this World.' Carpentier's identification of "lo real maravilloso" with the autochthonous and Negro mythologies of Latin America, and by extension, with all of Latin American history has been largely responsible for the confusion among Latin American literary critics

---

[5]See Roberto González Echevarría, "Notas para una cronología de la obra narrativa de Alejo Carpentier, 1945-1954," in *Estudios de literatura hispanoamericana en honor a José J. Arrom*, 205.

who have been unable or unwilling to distinguish between Magic Realism and "lo real maravilloso" of Carpentier, Miguel Angel Asturias and Demetrio Aguilera Malta: "Y es que, por la virginidad del paisaje, por la formación, por la ontología, por la presencia fáustica del indio y del negro, por la revelación que constituyó su reciente descubrimiento, por los fecundos mestizajes que propició, América está muy lejos de haber agotado su caudal de mitologías... ¿Pero qué es la historia de América toda sino una crónica de lo real-maravilloso?" 'And the fact is that, because of its virgin landscapes, its development, its ontology, its luxuriant presence of Indians and Blacks, the revelation constituted by its recent discovery, its fertile racial mixture, America is nowhere near exhausting its abundant supply of myths... But what is the history of all of America if not a chronical of the marvelous real?' (13-14).

1949

Juan E. Cirlot, in his *Diccionario de los ismos* (335-39) clearly summarized Franz Roh's distinctions between Expressionism and Magic Realism and related them to Bontempelli's ideas expounded in his *Novecentismo*. Cirlot mentions specific artists who were associated in one way or another with Magic Realism. Why most art historians throughout the world continued to ignore the tendency for at least the next twenty years is incomprehensible.

1950

Leonard Forster applied the term *Magischer Realismus* to post-World War II German poetry in an article published in *Neophilologus*, "Uber den 'Magischer Realismus' in der heutigen Deutschen Dichtung" 'Magic Realism in Contemporary German Poetry.' He defined Magic Realism as "die Erfassung und Deutung der äusseren Welt im Lichte des Unbewussten" 'The grasping and the interpretation of the outside world in the light of the unknown' (87). As examples, he quotes extensively from Ernst Jünger's prose works, *Das abenteuerliche Herz* 'The Adventurous Heart' (1929) and *Auf den Marmorklippen* 'On the Marble Cliffs' (1939). However, the article deals mainly with post-World War II poets who were appealing for optimism in spite of the Nazi debacle and the threat of a future atomic war: Friedrich Georg Jünger (1898-1977) in *Der*

Westwind 'The West Wind' (1946), Günter Eich (1907-1972) in "Winterliche Miniatur" 'Winter Miniature' (1948), E. Hermann Buddensieg (1893) in *Neckar* (1946), Fritz Usinger (1895-1982) in "Waldrand" 'Edge of the Woods' (1947) and Elisabeth Langgässer (1899-1950) in *Der Laubmann und die Rose* 'The Leaf Man and the Rose' (1947). Forster also discusses the short novels *Stomme Getuigen* 'Dumb Witnesses'(1946) of Dutch writer Simon Vestdijk (1898-1971) and *Epreuves. Exorcismes* 'Ordeals. Exorcisms' (1946) by Belgian Henri Michaux (1899). Although Forster makes no reference to Franz Roh or the German painters of the 1920s, he does stress the similarity between the Magic Realism of the post-World War II poets and Stefan George (1868-1933) who wrote during the 1920s: "Alles ist überall—der Mythos lebt in uns in uns weben die Urkräfte der Natur, die wir solange vergassen, dass wir die Atombombe zustandegebracht haben. Dass ist der Sinn des magischer Realismus, der es *uns* überlässt, die Konsequenzen zu ziehen. Aber schon von zwanzig Jahren hatte sie Stefan George, auch hier vorausahnend, gezogen" 'Everything is everywhere—myth lives in us, Nature's original powers are interwoven in us, powers that we had for so long forgotten because of our concern with the atomic bomb. That is the spirit of Magic Realism which put it up to us to draw out the consequences. But twenty years ago Stefan George, here too a forerunner, had already perceived them' (99).

Charles Plisnier, French novelist, not only recognizes the existence of the magic realist tendency but claims that the term was invented by Edmond Jaloux. Plisnier defines it very loosely as "le pouvoir hallucinatoire du créateur *appliqué a la realité*" 'the hallucinatory power of the creator *applied to reality*' (136). He correctly differentiates it from Surrealism while at the same time expressing his dislike for what he regards as its distortions, its artificiality and its falseness: "Ainsi, au contraire de la démarche du surréalisme qui part de la réalité intérieure et peuple l'univers de phantasmes, la démarche du réalisme magique part de la réalité visible mais, à mesure, la déforme, la décolore, la trouble et lui donne cette apparence de réalité seconde qu'ont certains rêves très profonds... Les multiples livres inspirés du réalisme magique que nous sommes contraints de lire depuis des années, suant l'artifice et criant de fausseté..." 'Thus, whereas Surrealism starts out from interior reality and populates its universe with phantoms, Magic Realism starts out from visible reality but moderately deforms it, discolors it, disturbs it and bestows on it that appearance of a second reality typical of certain very deep dreams... The many books inspired by Magic Realism which we've been obliged to read for years, books sweating with artificiality and loudly proclaiming their falseness...' Plisnier, at the same time, esteems Julien Green and Robert Poulet who, through hallucination, have achieved "d'incontestables vérités humaines" 'undeniable human truths' (137).

1952

George Saido (1892-1962), Austrian novelist and art historian, published an article "Die Wirklichkeit hat doppelten Boden. Gedanken zum magischer Realismus in der Literatur" 'Reality Has a Double Base. Thoughts on Magic Realism in Literature' in the journal *Aktion* (September 1952). His novel *Auf dem Floss* (1948) 'On the Raft' was analyzed in terms of Magic Realism in 1970 by Heinz Rieder. Nevertheless, Saido's and Rieder's concept of Magic Realism is much closer to Surrealism. Rieder stresses Saiko's use of the Freudian subconscious and his debt to Hofmannsthal, Broch and James Joyce. In several essays on painting in the 1920s, Saiko never mentions Franz Roh, nor the *Neue Sachlichkeit*, nor the practitioners of magic realist painting.

1955

Angel Flores, professor of Latin American literature at Queens College in New York, was the first to apply the term Magic Realism to the new, more sophisticated, more artistic Latin American prose fiction epitomized by Jorge Luis Borges. In fact, Flores established 1935, the publication date of Borges's first collection of stories, *Historia universal de la infamia* 'Universal History of Infamy,' as the beginning of Latin American Magic Realism. Although Flores did not mention Roh or the German painters of the 1920s, he did emphasize Borges's debt to Franz Kafka and called attention to Italian painter Giorgio de Chirico as Kafka's counterpart. Since Flores's essay appeared in the widely read journal *Hispania* (187-92), it has become the starting point for all the ensuing polemical discussions. Unfortunately, Flores lumped together under Magic Realism all manifestations of experimental, cosmopolitan literature as opposed to the social protest, proletarian and telluric prose fiction which had dominated the 1920s and 1930s, and most of the 1940s. This overly broad use of the term made it difficult to fix its parameters and to equate it with Roh's very precise list of characteristics.

1956
Enrique Anderson Imbert applied the term Magic Realism to Arturo Uslar Pietri's short story "La lluvia" 'The Rain' in his widely used textbook anthology *Veinte cuentos hispanoamericanos del siglo XX* 'Twenty Spanish American Short Stories of the Twentieth Century' (148-49). Anderson was the first Latin American critic to recognize in print that the term was coined by Franz Roh.

1958
In his *Geschichte der deutschen Kunst von 1900 bis zur Gegenwart* 'History of German Art from 1900 to the Present,' translated into English in 1968, Franz Roh was less enthusiastic about Magic Realism than he was in his 1925 book. He recognized that the excessive formal experimentation that most important German artists of the 1920s were trying to stem simply overpowered them. Roh also seems to have accepted the more commonly used term *Neue Sachlichkeit*. Paradoxically, at the same time that the original champion of Magic Realism abandoned the struggle, the 1960s witnessed a veritable rediscovery and reappreciation of German magic realist painting as a direct antecedent of the so-called Super or Hyper Realism.

Daisne published "Letterkunde en magie" 'Literature and Magic' in the fifth edition of his novel *The Stairway of Stone and Clouds*. Jean Weisgerber calls it the most explicit theory on Magic Realism in Europe (16).

1960
Dutch critic J.H.M. van der Marck's booklet *Neo-realisme in de Nederlandse schilderkunst* 'Neorealism in Dutch Painting' re-evaluated Magic Realism.

Flemish author Hubert Lampo used the term Magic Realism to describe his own novels (Weisgerber, 17), including *The Coming of Joachim Stiller* (1960), which combines Magic Realism with the parapsychological and the supernatural.

1964

In my critical-historical anthology *El cuento hispanoamericano* 'The Spanish American Short Story,' I designated Magic Realism along with Surrealism, Cubism and Existentialism as different aspects of the Cosmopolitanism which succeeded *criollismo* as the dominant trend in the Spanish American fiction of 1945-1960. I pointed out that the term originated with Franz Roh and cited Charles Sheeler's *Classic Landscape* and *Church Street El* as prime examples of investing reality with a touch of magic through the use of exaggerated precision. My literary definition of 1964 deviates from my present one in that the former coincides with Bontempelli's and Alfred Barr's definitions: "En la literatura, el efecto mágico se logra mediante la yuxtaposición de escenas y detalles de gran realismo con situaciones completamente fantásticas" 'In literature, the magic effect is achieved through the juxtaposition of very realistic scenes and details with completely fantastic situations' (II, 145). Magic Realism is represented in the anthology by Uslar Pietri's "La lluvia" and Juan José Arreola's "El guardagujas" 'The Switchman.' Elements of it are also identified in Lino Novás Calvo's "La noche de Ramón Yendía" 'The Night of Ramón Yendía' and Augusto Roa Bastos's "El prisionero" 'The Prisoner.'

1967

Luis Leal rejected Angel Flores's broad use of the term and insisted that Magic Realism must be distinguished from Surrealism and from psychological literature in general. He denied Flores's claim that Magic Realism originated with Kafka and Borges because, according to Leal, they both belong to the fantastic. Leal affirms, correctly so, that the Magic Realist tries to "descubrir lo que hay de misterioso en las cosas, en la vida, en las acciones humanas" 'discover the mystery in things, in life, in human actions'(232-33). An integral part of Magic Realism is that "los acontecimientos claves no tienen una explicación lógica o sicológica" 'key events do not have a logical or psychological explanation' (234). However, the shortcomings of this article are the failure to distinguish between Magic Realism and *lo real maravilloso* of Carpentier and Asturias and the reluctance to recognize the set of stylistic traits inherent in Magic Realism: "El realismo mágico es más que nada, una actitud ante la realidad, la cual puede ser expresada en formas populares o cultas, en estilos reelaborados o vulgares, en estructuras cerradas o abiertas" 'Magic Realism is above all an attitude towards reality which may be expressed in popular or learned form, in carefully designed or ordinary styles, in closed or open structures' (232).

The term *Magischer Realismus* was "magically" resurrected and used, probably for the first time ever, as the title of an exhibition in Wuppertal, Germany of the paintings of the 1920s. According to Wieland Schmied, thirty-eight artists were represented by one hundred and fifteen paintings. Director of the exhibition Günter Aust explained that he preferred *Magischer Realismus* to *Neue Sachlichkeit* because the latter term had been used by Hermann Muthesius at the beginning of the twentieth century in an architectural context (9). Georg Jappe, in a critique of the Wuppertal exhibition, said that *Neue Sachlichkeit* was the proper category for the left-wing artists of the group while the others were more appropriately placed in the *Magischer Realismus* category (10).

The renewed interest in the German painting of the 1920s had actually begun in 1961. In that year, the Berlin *Neue Sachlichkeit* exhibition, organized by Eberhard Marx, displayed one hundred and one paintings by thirty-one artists. The Hannover exhibition of 1962 adopted the neutral title *Die Zwanziger Jahre in Hannover* 'The Twenties in Hannover.' In March 1966, the Cologne exhibition was called *Neue Sachlichkeit, 1920-1933*. In the 1968 Hamburg exhibition (also shown in Frankfurt, January-February 1969), director Hans Platte begged the question by using the title *Realismus in der Malerei der Zwanziger Jahre* 'Realism in the Painting of the Twenties,' under which he also included magic realist works by such non-Germans as Carrà, Severini, Miró, Hopper and Sheeler. However, the presence of Max Lieberman, Carl Hofer and Oskar Kokoschka, who could not really be classified under either *Magischer Realismus* or *Neue Sachlichkeit*, disturbed the unity of the exhibition. A binational exhibition (Germany-Italy) was prepared by

Emilio Bertonati for Munich and Rome, June-September 1968, under the title *Aspekte der Neuen Sachlichkeit-Aspetti della Nuova Oggettività* (259-261).

1968

Massimo Carrà published *Arte Metafísico*, a collection of statements by the leading practitioners of this school: Giorgio de Chirico, Carlo Carrà, Alberto Savinio and Giorgio Morandi. The volume also contains a short but significant chapter by Ewald Rathke relating metaphysical art to Magic Realism, and another one by Patrick Waldberg relating metaphysical art to Surrealism. An English version of the book was published by Praeger in 1971, with a foreword by the translator Caroline Tisdall.

1969

Although only one of the fifteen exhibitions mentioned from 1925-1968 by Wieland Schmied is entitled *Magischer Realismus*, and although Franz Roh, the most precise theoretician of the term, capitulated to *Neue Sachlichkeit* in 1958, two important 1969 books on the subject reaffirmed the importance of Magic Realism: Italian art dealer Emilio Bertonati's *Il Realismo in Germania, Nuova oggettività-realismo magico* 'Realism in Germany. New Objectivity —Magic Realism.' and German art historian Wieland Schmied's *Neue Sachlichkeit und Magischer Realismus in Deutschland 1918-1933.* 'New Objectivity and Magic Realism in Germany 1918-1933.' The Schmied book is much more complete, but both agree on the general characteristics of the movement, recognize the importance of Roh's 1925 book, and reproduce representative paintings.

Angel Valbuena Briones' article "Una cala en el realismo mágico" stated unequivocally that Magic Realism in Latin American literature is not limited to those countries with large Indian and Negro populations. Valbuena mistakenly attributed the origin of the term to G.F. Hartlaub, but he is one of the first critics to associate Latin American Magic Realism in literature with the paintings of Italian Giorgio de Chirico, German Otto Dix and American George Tooker. He analyzed Julio Cortázar's novel *Los premios* 'The Prizes' as an example of Magic Realism.

1970

Tzvetan Todorov published *Introduction à la littérature fantastique* 'Introduction to Fantastic Literature' in which he tries to establish a theoretical difference between the fantastic and Magic Realism without considering periodization or the link between painting and literature.

E. Dale Carter's textbook anthology *Antología del realismo mágico. Ocho cuentos hispanoamericanos* 'Anthology of Magic Realism. Eight Spanish American Short Stories' reverted to the broad definition proposed in 1955 by Angel Flores.

1971

In the catalogue for the Antwerp exhibition *Magische Realisme in Nederland,* J.F. Buyck wrote, according to Blotkamp (23), the best reappraisal of the pre-World War II critical vision of Magic Realism.

1973

Fritz Schmalenbach's *Die Malerei der "Neuen Sachlichkeit"* 'The New Objectivity Painting' complements the Schmied and Bertonati books with detailed information about the various terms used to describe post-expressionist painting in Germany in the 1920s. Schmalenbach prefers the term *Neue Sachlichkeit* because it has been more widely accepted. However, he advises his readers not to spend any sleepless nights debating the pros and cons of the terms since neither one is perfect and they both represent the same phenomenon (73).

Rudy de Reyna published *Magic Realist Painting Techniques,* a do-it-yourself manual complete with advice on how to use different media, brushes, etc. Different stages of the same painting are reproduced in order to show explicitly how the magic effect is achieved. In his one-page introduction, De Reyna traces the origins of Magic Realism "back half a millennium to the Florentines and the Flemish" and stresses its importance in American painting culminating in Andrew Wyeth "who has, in my unshakable opinion, advanced this style of painting to the eminence it occupies in American art today" (9).

Magic Realism was the main theme of the convention of the Instituto Internacional de Literatura Iberoamericana held at

Michigan State University. In his keynote address, entitled "Realismo mágico vs. literatura fantástica: un diálogo de sordos," Emir Rodríguez Monegal advocated rejection of the term because there was no common accord on its precise meaning. The volume of proceedings clearly proves Rodríguez Monegal's contention.

1974

Roberto González Echevarría reviewed critically all previous Latin American literature articles on Magic Realism as an introduction to his erudite analysis of the historical source of Alejo Carpentier's *El reino de este mundo*. González Echevarría favors the Americanist interpretation of Magic Realism over the internationalist one.

Enrique Anderson Imbert reaffirmed in *Far Western Forum* his conviction that the term Magic Realism must be interpreted in the Franz Roh sense.

1975

Arthur D. Stevens' Ph.D. dissertation from Indiana University, *The Counter-Modern Movement in French and German Painting after World War I*, analyzed German New Objectivity-Magic Realism and its parallel movements in France.

Volker Katzmann published his doctoral dissertation from the University of Tübingen, *Ernst Jüngers Magischer Realismus* 'Ernst Jünger's Magic Realism.' The whole book is devoted to an analysis of magic realist traits in Jünger's works in general and more particularly in *Auf den Marmorklippen*.

1983

My book *Magic Realism Rediscovered, 1918-1981* (Philadelphia: Art Alliance Press and Associated University Presses) relates Franz Roh's conceptualization of Magic Realism to the spirit of the times and comments explicitly on its manifestations in the painting of Germany, Italy, France and the United States. The final chapter relates Magic Realism to the Hyper Realism of the 1960s and 1970s.

UNIVERSITY OF CALIFORNIA, IRVINE

List of Works Cited

Agee, William. *The 1930s. Painting and Sculpture in America.* New York: Whitney Museum of American Art, 1968.

Anderson Imbert, Enrique. *Veinte cuentos hispanoamericanos del siglo XX.* New York: Appleton-Century-Crofts, 1956.

——. " 'Literatura fantástica', 'realismo mágico' y 'lo real maravilloso'," paper read at the August 1973 meeting of the Instituto Internacional de Literatura Iberoamericana at Michigan State University. A revised version was published in *Far Western Forum,* 1, 2 (May 1974): 175-86.

Arnason, H. H. *History of Modern Art, Painting, Sculpture, Architecture.* New York: Harry N. Abrams, 1968.

Barr, Alfred H. Jr. *Modern German Painting and Sculpture.* New York: Museum of Modern Art and W.W. Norton, 1931, 1932.

Bertonati, Emilio. *Die neue Sachlichkeit in Deutschland* [1969]. Transl. from the Italian by Linde Birk. Munich: Ausgabe Schuler Vorlagsgesellschaft mbH, 1974.

Blotkamp, Carel. *Pyke Koch.* Amsterdam: Uitgeverig De Arbeiderspers, 1972.

Bontempelli, Massimo. *L'avventura novecentista.* Florence: Vallecchi Editore, 1938.

Carpentier, Alejo. *El reino de este mundo.* Santiago de Chile: Editorial Orbe, 1972.

Cirlot, Juan E. *Diccionario de los ismos.* Barcelona: Argos, 1949.

Donadoni, Eugene. *A History of Italian Literature.* Transl. by Richard Monges. New York: New York UP, 1969.

Duwe, Wilhelm. *Deutsche Dichtung* des 20 Jahrhunderts, *Von Naturalismus zum Surrealismus.* Zurich: Orell Fussli, 1962.

Flores, Angel. "Magic Realism in Spanish American Fiction." *Hispania* 38.2 (May 1955): 187-92. The paper was previously read at the M.L.A. meeting in New York, December 27-29, 1954.

Focillon, H. *Art d'Occident* (1938), quoted in *The Complete Paintings of the Van Eycks.* New York: Harry N. Abrams, 1968.

Forster, Leonard. "Uber den 'Magischen Realismus' in der heutigen Deutschen Dichtung," *Neophilologus,* 34 (1950): 86-99.

George, Waldemar. "Pierre Roy et le réalisme magique," *Renaissance,* Paris, 14 (1931): 86-95.

González Echevarría, Roberto. "Isla a su vuelo fugitiva: Carpentier y el Realismo mágico," *Revista Iberoamericana,* 86 (enero-marzo 1974): 9-63.

Hunter, Sam. *Modern American Painting and Sculpture.* New York: Dell,

1965.

Kaschnitz-Weinberg, Guido. "From the Magic Realism of the Roman Republic to the Art of Constantine the Great," *Formes: an International Art Review*. 8 (Oct. 1930): 6-10.

Kramer, Walter. *Willink*. Gravenhage/Rotterdam: Nijgh and Van Ditmas, 1973.

Leal, Luis. "El realismo mágico en la literatura hispanoamericana." *Cuadernos Americanos*, 153 (July-August, 1967): 230-35.

Letteratura italiana. Milan: Marzorati Editore, 1969.

Marck, J.H.M. van der. *Neo-realisme in de Nederlandse schilderkunst*. Amsterdam: J.M. Meuhenoff, 1960.

Mariátegui, José Carlos. "*Nadja*, de André Breton" *Variedades*, Lima, Jun. 15, 1930, included in Mariátegui, *El artista y la época*, Lima: Biblioteca Amauta, 1959, 178-82. See also Antonio Pagés Larraya, "Mariátegui y el realismo mágico," *La Palabra y el Hombre*, Jalapa (July-Sept. 1975): 58-61; and *Cuadernos Hispanoamericanos* 325 (July 1977): 1-6.

Meneses, Guillermo. "Nuestra generación literaria," *El farol*, 197 (Nov.-Dec. 1961).

Menton, Seymour. *El cuento hispanoameicano*. Mexico City: Fondo de Cultura Económica, 1964.

Miller, Dorothy C. and Alfred H. Barr, eds. *American Realists and Magic Realists*. New York: Museum of Modern Art, 1943.

Plisnier, Charles. *Roman. Papiers d'un romancier*. Paris: Bernard Grasset, 1954.

Reyna, Rudy de. *Magic Realist Painting Techniques*. New York: Watson-Guptill, 1973.

Richardson, Edgar P. *Painting in America*. New York: Thomas Y. Crowell, 1965.

Rieder, Heinz. *Der magischer Realismus. Eine Analyse von "Auf dem Floss" von George Saiko*. Marburg: N.G. Elwert, 1970.

Rodríguez Monegal, Emir. "Realismo mágico versus literatura fantástica: un diálogo de sordos." *Otros mundos, otros fuegos, Memorias del XVI Congreso Internacional de Literatura Iberoamericana*. East Lansing: Michigan State University, 1975. 25-37.

Roh, Franz. "Ein neuer Henri Rousseau." *Der Cicerone*, 16, 1924.

——. *German Painting in the Twentieth Century* [1958]. Transl. from German by Catherine Hutter. Greenwich, Conn.: New York Graphics Society, 1968.

Rose, Barbara. *American Art Since 1900*. New York: Praeger, 1975.

Saiko, George. *Drama und Essays*. Salzburg: Residenz Verlag, 1986. Vol. IV of Sämtliche Werke.

———. "Die Wirklichkeit hat doppelten Boden. Gedanken zum magischer Realismus in der Literatur." *Aktion*. Sept. 1952, ff.

Schmalenbach, Fritz. *Die Malerei der Neuen Sachlichkeit*. Berlin: Gebr. Mann, 1973.

Schmied, Wieland. *Neue Sachlichkeit und Magischer Realismus in Deutschland, 1918-1933*. Hannover: Fackelträger-Verlag Schmidt-Küster GmbH, 1969.

Usigli, Rodolfo. *Itinerario del autor dramático*. Mexico City: Fondo de Cultura Económica, 1940.

Uslar Pietri, Arturo. *Letras y hombres de Venezuela*. Mexico City: Fondo de Cultura Económica, 1948.

Valbuena Briones, Angel. "Una cala en el realismo mágico." *Cuadernos Americanos*, 166 (1969): 233-41.

Wakeman, John. ed. *World Authors, 1950-1970*. New York: H.W. Wilson, 1975.

Weisgerber, Jean. *Le Réalisme magique. Roman, peinture et cinéma*. Brussels: L'Age d'homme, 1987.

Werfel, Franz. "Saverio's Secret" in *Twilight of a World*. Transl. into English by H.T. Lowe Porter. New York: Viking Press, 1937.

Alfonso Reyes en el Brasil a través de su correspondencia con Genaro Estrada

SERGE I. ZAÏTZEFF

L PRIMER CONTACTO de Alfonso Reyes con el Brasil data del 26 de junio de 1927 cuando hace una breve escala en Río de Janeiro rumbo a Buenos Aires adonde iba a encabezar la nueva Embajada de México en la Argentina. Es un día lluvioso y gris pero no se le escapa—como apunta en su *Diario*—la belleza de la "admirable bahía de Río... envuelta en niebla y en majestad olímpica" (Reyes 1969, 197). La prensa carioca y el Embajador Pascual Ortiz Rubio reciben generosamente a Reyes quien aprovecha su visita para recorrer la ciudad, sus playas y "la maravilla del Jardín Botánico." Dos días más tarde se marcha de la entonces capital brasileña y escribe sus primeros versos de inspiración carioca[1] para Carlos Pellicer quien también había conocido y poetizado aquel paisaje. Río de nuevo parece "magnífico/ grande, olímpico, soberbio," pese a su aspecto inesperadamente brumoso e invernal, y deja una impresión imborrable en el poeta quien no podía sospechar que en menos de tres años volvería a la "Ciudad maravillosa" para sustituir al que había sido su anfitrión y que ahora era Presidente de la

---

[1] Estos versos aparecen en el *Diario* de Reyes, 199-201. Bajo el título "Al pasar por Río," también se incluyen en *Constancia poética. Obras completas X*, 246-47.

República.

Con el cambio político que se efectúa en México, el 5 de febrero de 1930 Genaro Estrada (1887-1937) es ascendido a Secretario de Relaciones Exteriores y así resulta ser el jefe de Alfonso Reyes. Ya desde 1921 ambos habían coincidido en el servicio diplomático mexicano, Estrada en la Cancillería y Reyes en diversas misiones en Madrid, París y Buenos Aires. Pero no solamente eran colegas de trabajo sino que, desde años atrás, compartían la misma vocación de las letras. Estrada se había iniciado en 1916 con su excelente *Poetas nuevos de México*, antología elaborada con suma seriedad y lucidez, antes de darse a conocer como autor de finos libros de creación literaria en prosa y verso. Hombre de vasta cultura y admirable integridad intelectual Estrada encontró en Reyes un espíritu afín al suyo y de allí surgió una amistad que duraría toda la vida. El abundante aunque inevitablemente incompleto epistolario entre Reyes y Estrada que se ha guardado da testimonio de esta sincera relación.[2] En este estudio nos basaremos en las cartas que abarcan el período 1930-1936 para reconstruir parcialmente la experiencia brasileña de Alfonso Reyes.[3]

El 2 de abril de 1930 Alfonso Reyes se embarca en Buenos Aires a bordo del "Giulio Césare" rumbo a su nuevo puesto diplomático en Río de Janeiro adonde llega cuatro días más tarde. Luego de la euforia causada por la calurosa despedida de la Argentina, Reyes cae en un profundo sentimiento de tristeza al pisar tierra brasileña. Como se lo comunica a Estrada en su primera carta carioca fechada el 10 de abril, las primeras impresiones de Reyes son muy negativas. Encuentra poco agradable la vida en esa "tierra divertida para turistas, nada más" donde no piensa poder adaptarse. Se siente solo, abandonado y desilusionado añorando Buenos Aires con todos sus atractivos y defectos. Inclusive la Embajada que le ha tocado dirigir

---

[2]Damos nuestras más sinceras gracias a la Dra. Alicia Reyes, Directora de la Capilla Alfonsina en México, D.F., por habernos proporcionado fotocopias del espistolario inédito entre Reyes y Estrada. Próximamente el Colegio Nacional publicará nuestra edición de esta correspondencia.

[3]Sobre el tema de Alfonso Reyes y el Brasil véanse en particular los artículos de Fred P. Ellison y James W. Robb así como los libros de Paulette Patout y Alicia Reyes registrados en Robb, "Alfonso Reyes; una bibliografía selecta (1907-1990)," 691-736.

se le hace "pestilente, apolillada," totalmente inadecuada. Con ese nombramiento en la capital brasileña que a Reyes le parece inferior, empieza a tener ciertas dudas acerca de su carrera como representante de México: "Me pregunto si debo continuar esta vida indefinidamente." La vida diplomática, nómada por excelencia, empieza a carecer de sentido para Reyes quien sueña con una existencia más segura y estable. Lo cierto es que el pesimismo que experimenta durante esos primeros contactos con Río se debe en gran parte a la dolorosa y emotiva salida de Buenos Aires. En ese período de melancolía e incertidumbre sólo Estrada oye aquel "grito [del] corazón" de su amigo quien no quiere permancer mucho tiempo en ese país ya que "esto no es tierra para vivir."

Este estado de ánimo dura poco y de nuevo se entrega con entusiasmo a sus tareas: envía colaboraciones para la revista mexicana *Contemporáneos* (por conducto de Estrada), prepara el primer número de su correo literario *Monterrey*, se ocupa de la publicación de *El testimonio de Juan Peña*, participa en el homenaje a Graça Aranha, planea futuros trabajos, es decir vuelve a su acostumbrado ritmo de actividad ahora que ha sido aceptado por sus colegas brasileños con quienes trabará sólidas amistades.

Reyes reconoce que en su amigo Estrada puede desahogarse y confiarle sentimientos personales además de comunicarle preocupaciones de índole burocrática. Tema constante de esas primeras cartas fluminenses es el problema de tener una casa que sea digna de México. El nuevo Embajador toma muy en serio su representación y se preocupa por la imagen de su país en el Brasil. Por eso la ayuda del Secretario de Relaciones Exteriores le es indispensable y cuenta con él para sacar adelante sus proyectos diplomáticos en Río. Como dice en carta del 5 de julio de 1930, "yo quiero tener una Embajada festejada y acogedora" en ese ambiente que ahora encuentra simpático y placentero. Pero Estrada no es únicamente el funcionario de quien depende Reyes sino el escritor cuyas colaboraciones son solicitadas para *Monterrey*, la "única querida" de su director.[4] A su vez Estrada lo invita a seguir figurando en *Contemporáneos*, revista

---

[4]En carta del 9 de julio de 1930 Reyes le dice a Estrada: "Este boletincito es aquí mi única querida, y ya se la presto a mis buenos amigos."

que pudo sobrevivir sólo gracias al apoyo económico de aquél. Así se realiza un fértil intercambio literario entre México y Río. Reyes ha superado su desánimo inicial y se siente confiado y satisfecho: "Me porto bien. Trabajo mucho. No tengo pasiones. Cumplo al pie de la letra con la vida social. Aspiro al premio" (23 de julio de 1930). De hecho, pese a la escasez de fondos de que dispone, Reyes sabe corresponder dignamente a las exigencias de la sociedad carioca y no tarda en triunfar socialmente. Si las circunstancias lo requirieran, estaría dispuesto a arruinarse personalmente para que brillara el nombre de México.

Para el diplomático radicado en el Brasil, Estrada es uno de los pocos amigos de confianza en México que puede ocuparse de sus publicaciones. Así, en 1930, Reyes le manda su "Discurso por Virgilio" para que vea si vale la pena publicarse. Por lo visto, Reyes confía plenamente en el juicio de su amigo quien se había destacado en su país como un sagaz crítico literario. Cabe señalar que al mismo tiempo que Reyes se interesa por publicar en su patria, también da a la imprenta otras obras en Río de Janeiro. Tal es el caso de *El testimonio de Juan Peña*, texto que no llegó a imprimirse en México. En el Brasil Reyes no sólo da a conocer sus propios trabajos sino que contribuye activamente a la vida cultural al invitar a los intelectuales extranjeros que están de paso por la capital a dar conferencias. También se reúne con Tristán da Cunha, Afranio Peixoto y Ronald de Carvalho para organizar un PEN Club brasileño y, como dice en carta del 21 de septiembre de 1930, va a seguir con su tradición de los domingos literarios. De manera característica don Alfonso se impone en el mundo diplomático y social así como en el cultural. Con el dinamismo de siempre se entrega a su amplio concepto de lo que debe ser la diplomacia. Generosamente abre de par en par las puertas de la Embajada sacrificando su tiempo y su dinero. El encanto de Río y su gente lo ha conquistado y ve la vida con un optimismo típicamente brasileño a pesar de padecer grandes dificultades materiales. A su amigo le promete enviar "suculentas y culentas cosas de Río. Ya verá: saben a fruta, Genaro, a fruta pura, a mango, banana, mamey y cosas así" (7 de octubre de 1930).

Con Estrada Reyes comparte sus momentos de felicidad y de tristeza. El 7 de noviembre de 1930, por ejemplo, le comunica claramente su desesperación provocada por su precaria situación económica. Ha llegado casi al punto de tener que renunciar como se puede ver en las siguientes líneas:

Ya no puedo vivir... no podré continuar con harta pena mía y con grave detrimento de mi vida. Estoy sumamente angustiado con esto. Yo pongo mi vida y mis empeños mayores en servir bien a mi país.... Si Ud. no me vale tendré que renunciar y eso sería mi ruina, mientras no acabe con mi deuda de Bs. As.

Se confía enteramente a su compañero cuyas cartas siempre espera con ansia para aliviar sus constantes preocupaciones. Sólo Estrada puede renovarle el ánimo y darle estímulo. Reyes aún piensa en volver a México con el solo fin de hablar con su amigo: "Tengo que orientar mi vida definitivamente. Tenemos que hablar despacio, Genaro. Sólo Ud. puede decirme lo que yo deseo saber" (20 de noviembre de 1930). La distancia lo ha alejado de su país y por eso necesita urgentemente la orientación de Estrada hasta que pueda ir de visita a México y verlo todo de cerca. Cualquier comentario lo ayuda a entender desde lejos lo que pasa en México. Nada le es indiferente así que cuando se entera de los problemas incurridos por *Contemporáneos,* publicación que "honra a México," Reyes quiere saber cómo puede contribuir a su salvación además de continuar con sus colaboraciones.

No cabe duda de que la causa principal del desaliento de Reyes en esa época son las deudas que lo persiguen. Cuando vislumbra ya un posible mejoramiento económico, cambia drásticamente su actitud ante la vida y recobra su habitual vitalidad. Así, promete que no solamente le mandará a Estrada más números de *Monterrey,* cartas "más divertidas," libros brasileños e informes, sino que publicará sus obras completas, colaborará en las series editadas por su amigo, tendrá otro hijo, "habrá mucho de aquello," preparará un panorama de la actual literatura brasileña y entre otras cosas será "la luz de [su] casa, la fiesta de [sus] amigos y la vida perdurable" (29 de enero de 1931). Asimismo las comunicaciones de Estrada, aunque poco frecuentes, lo reconfortan y consuelan. Si bien Estrada le escribe poco, lee con sumo interés los originales enviados por Reyes y se encarga de publicarlos.[5] Es de notar que don Alfonso, además de participar en revistas cultas como *Contemporáneos*, también se interesa por la idea de llegar al gran público mexicano a través de una posible serie de artículos en algún diario capitalino si a Estrada tal colaboración le parece apropiada.

Como lo revela su misiva del 21 de febrero de 1931, Reyes está muy enterado de lo que sucede en las letras brasileñas del día.[6] De hecho, traza aquí una acertada síntesis del tema, la cual muestra claramente sus propias preferencias. Poco aprecia a los escritores conservadores pertenecientes a la Academia Brasileña (Centro derecha) como Gustavo Barroso, Afranio Peixoto y Tristán da Cunha. Del otro lado, centro izquierda, se colocan entre otros Renato Almeida y su buen amigo Ronald de Carvalho. Por la extrema izquierda está Osvaldo de Andrade en el grupo de los "antropófagos" que Reyes ve con cierto recelo desaprobando su característica crueldad ("moral peligrosa") aunque estima su uso de procedimientos vanguardistas europeos. En pocas palabras, se trata de un grupo "descamisado, brillante y estéril." El intelectual brasileño que despierta los mayores elogios de Reyes, sin embargo, es el ahora conservador Alceu Amoroso Lima, quien se había destacado durante los primeros movimientos de vanguardia. Para Reyes aquél es:

> uno de los más consistentes críticos de la América Latina, el más sincero y claro, el más crítico de veras, el más culto, aunque algo profesor y de repente un tantico provinciano en sus disquisiciones ideológicas. Personalmente, simpático y sencillo. Siempre arrima el ascua literaria a la sardina del catolicismo. Pero no es un retrógrado estúpido, no.

A diferencia de la correspondencia que mantiene Alfonso Reyes

---

[5]Así aparece su "Discurso por Virgilio" en el *Homenaje al poeta Virgilio, en el segundo milenio de su nacimiento* (México: Secretaría de Educación Pública, 1931), 97-131.

[6]Cabe notar que ya en carta del 6 de agosto de 1930 Reyes había expresado sus opiniones sobre ciertos escritores brasileños. En Valery Larbaud-Alfonso Reyes, *Correspondance 1923-1952*, 91.

con Pedro Henríquez Ureña (muy escasa en esos años), la presente
no se limita a asuntos literarios. En sus cartas a su amigo sinaloense
Reyes le habla de todo (parientes, diplomáticos, amigos, mujeres) en
un tono personal y franco. Se ve que se deleita al escribir esas cartas
que se proponen no solamente informar a su interlocutor sino
entretenerlo con chismes, observaciones maliciosas, expresiones
populares y cosas divertidas. Estrada es su jefe, desde luego, pero
sobre todo es su confidente en esa época cuando sufre de soledad y
aislamiento. De los epistolarios alfonsinos que se han conservado de
ese período el con Estrada es definitivamente el más nutrido y
revelador. A veces son cartas especialmente íntimas como la del 10
de abril de 1931 escrita a un año de estar en el Brasil. Ha sido un
momento crítico en la vida de Reyes quien confiesa que "este año
me ha servido para recomponer un poco mi vida y para darme
cuenta, examinándome a solas, de la profundidad de la crisis que he
venido alimentando adentro de mí, como un monstruo. Un año más,
y me habré salvado." Conscientemente se ha esforzado en encontrar
de nuevo el equilibrio y la serenidad. La belleza natural de Río ha
sido un factor positivo en ese proceso ya que Reyes se levanta todas
las madrugadas tan sólo "para mirar cómo brilla el primer sol en la
punta del Corcovado, envolviendo en oro blando la inmensa imagen
del Cristo Redentor que está en la punta."[7] Y siempre está presente
Estrada cuando Reyes pasa por etapas de inseguridad. Estrada es
quien lo estimula a continuar con *Monterrey* cuando Reyes pone en
duda el valor de esta publicación.[8] A su amigo le confía sus deseos
de acercarse cada vez más a México, de instalarse de modo permanente y de dedicarse a su propia obra. En el fondo sigue insatisfecho
e inquieto: "Yo estoy muy lejos del mundo, en la Ultima Tule: esto
es la luna." No obstante, tiene ganas de escribir largamente sobre el

---

[7]En una carta a Julio Torri del 8 de abril de 1931 Reyes dice que "chorrea
desde el Corcovado un sol de miel." En nuestra edición de Julio Torri,
Diálogo de los libros, 252.

[8]El 28 de marzo de 1931 Reyes le había mandado a Estrada el siguiente
telegrama: "Ruégole esta vía su opinión sincera si debo continuar *Monterrey*
inteligencia desaliéntame Pedro Henríquez stop si necesario sugiérame
modificaciones gracias." Estrada le contesta el 30 de marzo: "Debe usted
continuar esa publicación que es original interesante útil simpática
excelente."

Brasil y de dejar de hacer "jueguecillos."[9]

Para julio de 1931, Reyes ya ha liquidado sus fuertes deudas de Buenos Aires lo cual va a facilitar su vida cotidiana aunque al mismo tiempo la Secretaría de Relaciones Exteriores impone más restricciones económicas. Sigue soñando con México y sus amigos de allá pero esta nostalgia no influye para nada en la seriedad con la que administra su Embajada, como lo demuestra el presente epistolario. Es de interés notar que aún tratándose de asuntos oficiales Reyes intenta hacer amenas sus misivas con toques humorísticos o con el uso de una forma más bien teatral (diálogo, acotaciones). Hay momentos más serios cuando expresa con sincera emoción su admiración por la política internacional de México y la labor ejemplar de Genaro Estrada.[10] Se siente verdaderamente orgulloso de representar a México en el extranjero y de ser nombrado en agosto de 1931 delegado suplente ante la Sociedad de las Naciones.

Estas cartas que Reyes le escribe a Estrada desde Río (junto con las de Buenos Aires) despertaron el interés del Dr. Atl, quien ya en 1931 quería publicarlas. Don Alfonso, sin embargo, no aprueba la idea y asevera que "Estas cartas saldrán veinte años después de que yo haya muerto" si no las destruye antes su amigo.[11] En la misma epístola del 25 de septiembre Reyes excepcionalmente deja constancia de su propia conciencia de escritor. Con lucidez se examina en estos términos:

> Yo soy muy particular: mis parábolas llevan una curva muy abierta. Mis cañones, para dar en el blanco, tienen que tirar desde muy lejos. Mi conciencia no acierta a cerrar el círculo en muchas cuestiones fundamentales. Todos, a mi alrededor, han llegado ya a convicciones y a principios fijos en muchas cosas en

---

[9]De hecho, Reyes escribirá artículos sobre el Brasil para tales publicaciones como *El Nacional* de México y *La Nación* de Buenos Aires, los cuales serán recogidos más tarde junto con otros textos en *Norte y Sur* e *Historia natural das Laranjeiras* (*Obras completas, IX*).

[10]De esa época data la célebre Doctrina Estrada.

[11]Es interesante recordar que según el *Diario* de Reyes en su entrada del 21 de abril de 1930, éste tenía la intención de reunir en un tomo sus cartas de Río, proyecto que nunca se realizó.

que yo todavía me busco y me interrogo. Esto, filosóficamente, quiere decir que yo necesito vivir mucho para cumplir mi destino espiritual, si es que una brutalidad de la materia no se atraviesa antes... No olvide esto que le digo: tiene traza de ser una humorada, y es acaso el más profundo análisis que he hecho de mi mismo.

Además de este tono reflexivo, Reyes se vale en otras ocasiones del poético, del humorístico y del ensayístico o imaginativo. Su carta del 8 de octubre de 1931, por ejemplo, aborda el tema insólito del "deporte sedentario" de abrir libros con un cortapapel y se convierte en una especie de ensayo libre caracterizado por una rica imaginación y presentado mediante un extenso diálogo inventado entre ambos amigos. Esta fantasía sobre los percances de los abridores de libros, reminiscente de otros textos de Alfonso Reyes y de Julio Torri, alcanza un innegable valor literario. También en los vivos retratos que Reyes le manda a Estrada de algunos de sus empleados, se puede apreciar al fino escritor siempre atento a la página bien escrita. Por otro lado, esas observaciones revelan al funcionario Reyes como un hombre comprensivo, afectuoso y exigente a la vez. En particular es poco tolerante de la ineficacia administrativa la cual llega a veces a extremos absurdos. Repetidas veces su espíritu ordenado y racional critica severamente la laberíntica burocracia mexicana, obstáculo constante al ejercicio de la diplomacia, labor que en manos de Reyes alcanza un alto nivel como lo atestiguan sus prolíficos informes oficiales.[12]

En enero de 1932 la vida de Genaro Estrada toma una nueva dirección al ser nombrado Embajador de México en España. Con este cambio Reyes espera recibir cartas más largas y frecuentes de su amigo con quien cuenta para ocuparse de sus asuntos madrileños. Por otra parte, la salida de Estrada le causa a Reyes algunas dificultades de orden administrativo. Ya no está el amigo que lo podía resolver todo o por lo menos que hacía lo imposible por su querido "Gordo." Sin aquél en México, Reyes vuelve a pensar que "esto no es

---

[12]Según Víctor Díaz Arciniega en el prólogo a su antología de Alfonso Reyes, *Vocación de América*, 22-23.

vida" (15 de junio de 1932) pero de alguna manera no se deja abatir y se entrega al trabajo como nunca antes. Así le explica la situación a Pedro Henríquez Ureña (en Santo Domingo) el 6 de marzo de 1932: "Aquí nuestro mayor enemigo es el aburrimiento. Yo me curo con el trabajo interesante."[13] Esa "abeja literaria,"[14] en efecto, colabora o ha colaborado en *El Nacional, Contemporáneos* ("única corriente oxigenada que llega") y *Sur;* sigue publicando su correo literario; proyecta nuevos trabajos en verso y prosa y persiste con la idea de editar sus obras completas en España.

Durante ese año de 1932 estalló en México una polémica entre nacionalistas y universalistas en la cual Alfonso Reyes se vio involucrado. Desde Río responde el 30 de mayo a los ataques de Héctor Pérez Martínez[15] en un folleto titulado "A vuelta de correo" que remite a Estrada antes de distribuirlo para tener su opinión. No sabe si hace bien en defenderse de ese modo y por eso cuenta con los consejos de su amigo quien le contesta el 6 de julio de 1932 con un telegrama monosilábico: "Publique." Al recibir ese "grito telegráfico" en seguida Reyes prosigue con la difusión de esas páginas que vienen a ser una valiosa autobiografía espiritual de ese escritor a quien se le acusaba injustamente de estar "desvinculado" de México. Tales críticas no eran nuevas para Reyes quien ahora encuentra en los comentarios de Pérez Martínez el pretexto para desahogarse y decir lo que se callaba desde hacía mucho tiempo. Además de ese importante asunto, surge hacia fines de ese mismo año la inesperada noticia de que por razones económicas se iba a suprimir en Río el puesto de Reyes y que éste tendría que regresar a México. Todo eso le causa bastante angustia pero por fortuna se cancela abruptamente la orden a raíz de la fuerte protesta hecha por el gobierno brasileño, claro testimonio del prestigio de que gozaba Reyes en el Brasil. Nuevamente Reyes siente que su situación es algo insegura y que

---

[13]En Pedro Henríquez Ureña y Alfonso Reyes, *Epistolario íntimo (1906-1946)*. Recopilación de Juan Jacobo de Lara, 436.

[14]Expresión usada por Martín Luis Guzmán en su carta a Reyes del 2 de noviembre de 1931. En Guzmán/Reyes, *Medias palabras. Correspondencia 1913-1959*, 145.

[15]Héctor Pérez Martínez, "Escaparate: I *Monterrey*, II Gimnasia y alejamiento," p. 3.

tendrá que pensar seriamente en su porvenir. Termina el difícil año de 1932 con la aparición de *Tren de ondas*[16] que Reyes describe de la siguiente manera en carta fechada el 8 de diciembre: Se trata de "un librejo de tono menor..., todo él en tono de conversación sin trascendencia, libro en fin de la mano izquierda, y entreacto para no enmohecerme y seguir limpiando la mesa." Y también están por publicarse en Holanda sus bellos *Romances del Río de Enero*, "gasto éste en que nunca me hubiera embarcado a saber lo que me esperaba."

Con la presencia de Genaro Estrada en Madrid se multiplican sus cartas a Reyes en las cuales domina un tema de mutuo interés, es decir España. Aunque ambos amigos piensan en varios proyectos de colaboración en ese país, Estrada está convencido de que deberían más bien reintegrarse pronto a México y allá realizar "un trabajo fecundo, noble, grande" (25 de diciembre de 1932). De hecho, dos años más tarde, luego de haber renunciado a su cargo diplomático, Estrada regresará a su país mientras que Reyes permanecerá en América del Sur hasta principios de 1939. En cuanto a la correspondencia que nos interesa, cabe señalar que entre 1933 y 1936 sólo se han conservado unas cuantas cartas y tarjetas de Estrada. Este es un período en el archivo epistolar de Alfonso Reyes del cual se conocen pocas cartas. Lo cierto es que Reyes pasa por unos años muy agitados entre prolongados viajes y desgracias familiares, todo lo cual afecta su correspondencia igual que su productividad literaria. Las escasas comunicaciones alfonsinas de esa época que se han rescatado[17] coinciden en dos puntos principales: el exceso de trabajo burocrático[18] y el ansia de echar raíces en un sitio para "trabajar alguna vez YA en serio."[19] A su íntima amiga Gabriela Mistral,

[16]También se publican en 1932 en Río de Janeiro *En el día americano*, *Atenea política* y *Horas de Burgos*.

[17]Son cartas dirigidas sobre todo a Enrique Díez-Canedo, Gabriela Mistral, Ermilo Abreu Gómez, Julio Torri, José María Chacón y Calvo, Celestino Gorostiza y Miguel N. Lira.

[18]A José María Chacón y Calvo, por ejemplo, le dice que "estoy prostituido de deberes oficiales." Carta del 4 de marzo de 1934, recogida en Zenaida Gutiérrez-Vega, *Epistolario Alfonso Reyes - José Mª. Chacón*, 142.

[19]En carta dirigida a Celestino Gorostiza el 22 de marzo de 1934. Recogida en *Cartas a Celestino Gorostiza*, 27.

radicada en Madrid, Reyes le comunica el mismo deseo de alejarse de la vida política y del "insoportable sabor de provisionalidad" así como su honda preocupación por su carrera literaria. Casi cumplidos los 45 años se siente frustrado por lo que no ha podido hacer y exclama no sin cierta amargura: "a ver si por fin publico mi primer libro."[20] Quizás la expresión más dolorosa de su estado de ánimo la encontramos en los apuntes de su diario inédito escritos hacia fines de 1935. Reyes dice:

> Noche, una de las más tristes de mi vida. Noche de soledad, de lluvia de recuerdos, de saludos con la conciencia, de verdades crueles, de sufrimiento muy hondo de la vanidad de las cosas, de asco muy grande contra la propia pasión de que soy juguete. Total: lágrimas y duda. El cielo no se abre.[21]

Unos meses más tarde en 1936 Alfonso Reyes se marcharía de nuevo a Buenos Aires como Embajador de México y sólo volvería al Brasil por poco tiempo en 1938. Para estas fechas, sin embargo, su fiel corresponsal y fraternal amigo Genaro Estrada ya habría fallecido. La amistad que unió a ambos humanistas fue muy estrecha y por eso su largo diálogo epistolar ilumina las diversas etapas del itinerario de Reyes por el mundo. En el caso del Brasil este epistolario nos deja ver cómo ese país lo afecta y lo penetra. Mucho más que el *Diario* de Reyes (el cual concluye con el año de 1930), estas cartas presentan un vivo testimonio de los anhelos y frustraciones de ese hombre cuya sensibilidad de artista se manifiesta a cada rato. Esas confidencias nos permiten seguir de cerca sus cambiantes estados de ánimo y sus impresiones o pensamientos del momento. Detrás del esplendor de la vida diplomática que no le era del todo indiferente a don Alfonso, aparece ese hombre que vive

---

[20]En carta fechada el 22 de marzo de 1934 y dirigida a Gabriela Mistral. Reproducida en María Luisa Ibacache, "Gabriela Mistral y Alfonso Reyes vistos a través de su correspondencia: una amistad más que literaria y a prueba de distancias," 521.

[21]Citado por Fernando Curiel, 59-60.

atormentado, indeciso, en constante conflicto interior.[22] Mediante estas "conversaciones" con su amigo de mayor confianza, Reyes se muestra un poco más que con otros corresponsales de esa época pero aún así apenas alude a episodios íntimos de su vida afectiva, los cuales claramente inspiraron algunas de sus narraciones cariocas. En esos años turbulentos buena parte de los escritos de Alfonso Reyes— cuentos, poemas, ensayos—se nutren de su rica experiencia brasileña, la cual rebasa los límites de los deberes diplomáticos. El autor de "El Brasil en una castaña" descubre un mundo que le es cercano y que lo seduce. Se convierte en un enamorado de esa tierra sensual y dulce o como le dice a Julio Torri: "Amo al Brasil, con firme afecto, más allá, mucho más allá de 'las relaciones que dichosamente unen a nuestros dos Estados.' "[23]

UNIVERSITY OF CALGARY

Lista de obras consultadas

Arciniega, Víctor Díaz. "La raya indecisa. Apuntes para un retrato de Alfonso Reyes." En *Voces para un retrato de Alfonso Reyes*. México: Universidad Autónoma Metropolitana/Fondo de Cultura Económica. 36-67.

Gutiérrez-Vega, Zanaida, recop. *Epistolario Alfonso Reyes-José Mª. Chacón* Madrid: Fundación Universitaria Española, 1976.

Guzmán, Martín Luis y Alfonso Reyes. *Medias palabras. Correspondencia 1913-1959.* Edición de Fernando Curiel. México: Universidad Nacional Autónoma de México, 1991.

Henríquez Ureña, Pedro y Alfonso Reyes. *Epistolario íntimo (1906-1946).* Tomo 3. Recopilación de Juan Jacobo de Lara. Santo Domingo, R.D.: Universidad Nacional Pedro Henríquez Ureña, 1983.

Ibacache, María Luisa. "Gabriela Mistral y Alfonso Reyes vistos a través de su correspondencia: una amistad más que literaria y a prueba de

---

[22]Sobre este tema véase el excelente estudio de Víctor Díaz Arciniega, "La raya indecisa. Apuntes para un retrato de Alfonso Reyes" en *Voces para un retrato. Ensayos sobre Alfonso Reyes*, 39-67.

[23]En carta fechada el 26 de mayo de 1933. Publicada por Alfonso Reyes en *Tres cartas y dos sonetos* (Archivo, 1954) y recogida por José Luis Martínez en el tomo XXIV de las *Obras completas* (1990), 86.

distancia." Tesis: George Washington University, 1986.

Labard, Valery y Alfonso Reyes. *Correspondence 1923-1962.* Introducción y notas de Paulette Patout. París: Librairie Marcel Didier, 1972.

Pérez Martínez, Héctor. "Escaparate: I *Monterrey*, II Gimnasia y alejamiento." *El Nacional* 7 de mayo de 1932, p. 3.

Reyes, Alfonso. *Cartas a Celestino Gorostiza.* México: Ediciones de Equilibrista, 1988.

——. *Constancia poética. Obras completas X.* México: Fondo de Cultura Económica, 1959.

——. *Diario 1911-1930.* Prólogo de Alicia Reyes. Nota del Dr. Alfonso Reyes Mota. Guanajuato: Universidad de Guanajuato. 1969.

——. "Discurso sobre Virgilio." En *Homenaje al Poeta Virgilio* en el segundo milenio de su nacimiento. *México, Secretaría de la Eucación Pública,* 1931. 384-410. También en *Contemporáneos* (febrero de 1931): 97-131.

——. *Vocación en América.* Prólogo de Víctor Díaz Arciniega. México: Fondo de Cultura Económica, 1989.

Robb, James W. "Alfoso Reyes: una bibliografía selecta (1907-1990)." *Revista Iberoamericana* 155-56 (abril-setiembre de 1991): 691-736.

Torri, Julio. *Diálogo de los libros.* México: Fondo de Cultura Económica, 1980.

The Novelist as Dramatist: Julio Cortázar's Posthumous Plays

MERLIN H. FORSTER

HE DRAMA WAS FOR Julio Cortázar a tertiary concern at most, but one which rather curiously provides a kind of chronological punctuation for his more important works of prose fiction. In contrast to other major figures such as Carlos Fuentes and Mario Vargas Llosa, who as established novelists and *cuentistas* have written and in some cases seen staged successful theatrical works, Cortázar made use of the drama in a more tangential way, really at the beginning and the end of his career. His first signed work, for example, was the 1949 text *Los reyes*, a re-working of the mythic account of Theseus and the Minotaur. This dramatic poem has received over the years a moderate amount of critical attention, centered mainly on the elaboration of an unusual tragi-poetic language and the significance that the text has for Cortázar's subsequent prose fiction.[1]

My comments here, however, will not focus on *Los reyes* as Cortázar's opening act, but rather on two other texts which together constitute a kind of final moment in his writings. The only other

---

[1] I would mention in this connection several excellent shorter studies: Roberto González-Echevarría's article on *Los reyes* and Cortázar's concept of writing; a study by Antonio Planells on thematic connections between the dramatic poem and Cortázar's later fiction; Jaime Alazraki's article suggesting a political re-reading of the text. Also, Terry J. Peavler includes some brief comments in his *Julio Cortázar*; see especially 6-7.

plays written by Cortázar[2] are two short pieces, *Adiós, Robinson* and *Nada a Pehuajó*, both of which appeared posthumously in 1984. The first text was published initially in the Mexico City journal *México en el Arte* (summer of 1984), and then the two texts appeared together in the fall of that same year as a single volume done by the Mexico City publishing house Editorial Katún. I have found almost no critical commentary on either of the plays,[3] nor to the best of my knowledge has either been staged in any form. In spite of such lack of attention, the pieces are however engaging as theater, in my opinion perhaps more so than *Los reyes*, and therefore justify an initial reading and interpretation.

Let me begin with *Nada a Pehuajó*. This text is a humorous absurdist piece, organized in one act but with almost forty separate scenes. The action takes place in a restaurant, which has eight of nine tables arranged in alternating black and white squares on the floor and a business or hotel-like counter along one side. The flow of the action is controlled by the maitre d' as a major organizing figure, with assistance from a couple of waiters, as they attend to the needs and demands of a variety of customers: a Man in White and a Woman in Green; a Judge and his bailiff; a defense lawyer; an American tourist; an Employee and his Client; Mr. and Mrs. López; Gina and Franco, a young married couple; an itinerant salesman. As might be expected, the serving and consumption of food is central to the action, but at the same time there is a repeated suggestion as the action moves along that the figures on stage are pieces on a chess board, moved by forces superior to their own volition. The Man in White, seated by himself at a table for four, is the focus for this suggestion of overarching power. He remains apart from the flow of the action, in that the waiters never approach his table, but

---

[2]In her work *Julio Cortázar, His Works and His Critics: A Bibliography* Sara de Mundo Lo lists certain of Cortázar materials in manuscripts that are now located in the Benson Latin American Collection at the University of Texas, Austin (204). Included on that list is an item entitled "Dos juegos de palabras," which apparently contains manuscript versions of two additional plays, "Pieza en tres escenas" and "Tiempo." As yet I have not seen this material, and consequently make no attempt to include it in this study.

[3]A brief note by Noé Jitrik accompanied the initial 1984 publication of "Robinson" in *México en el Arte*; Peavler's 1990 book contains a very brief reference (9) to the two plays under study here.

at the same time he repeatedly makes chess-like movements, such as sliding a wine glass or a lamp across the top of his table, movements which in turn are answered with corresponding movements by one or another of the characters on stage. The Man in White speaks only one word, as befits a chess player in deep concentration, as toward the end of the play his "Mate" brings the opposing king-figure under total control.

The title of the play comes from one of the most comic of the several interwoven threads of plot. At an early point in the action the Client approaches the Employee at the business counter and tries to arrange a shipment of personal effects from Buenos Aires to Pejuajó, a small and obviously isolated town in the southern part of the province of Buenos Aires. The shipment, which readers or audience might see as a bit on the strange side, consists of eight large suitcases, a box of books, a light table ("una mesa de luz"), and an embalmed monkey, and all of which become the pretext for a hilarious exchange between the two characters on the nature of the shipment and the forms of transportation. The following lines are a part of that exchange:

EMPLEADO: Ah, eso no. Usted tiene que elegir. Le repito: se pueden mandar por tren rápido, tren de carga, y por perros.

CLIENTE: ¿Por qué no me aconseja el mejor sistema?

EMPLEADO: Lo mejor sería el tren, naturalmente, pero en el caso de las valijas yo le aconsejaría los perros.

CLIENTE: ¿Y qué es eso?

EMPLEADO: Perros. Tenemos muchísimos perros que llevan valijas de Buenos Aires a Pehuajó. Es un método sencillo pero sólido, de resultados más que probables.

CLIENTE: Los perros... ¿llevan las valijas?

EMPLEADO: Sí. Usted tiene ocho valijas, creo. Pienso que con tres perros por valija...es decir veinticuatro... Agregamos cinco por cualquier imprevisto... Perfecto. Entonces, queda decidido. Firme esta boleta. (*Sonríe satisfecho, pero se sobresalta*).

¡Ah, pero todavía falta el animal embalsamado!

CLIENTE: El mono, sí.

EMPLEADO: El mono, eso es. El transporte de este mono es complicado. Usted va a tener que elegir... y realmente no es muy fácil. En fin, yo le leo la lista de medios de transporte y usted decide. El antropoide puede ser fletado por correo certificado riesgoso; por los boy-scouts aprovechando la carrera de resistencia con carga entre Buenos Aires y Bahía Blanca; en camión ordinario; en camión precario; en tren rápido; en tren de carga y por perros.

CLIENTE: ¡Dios mío!

EMPLEADO: Es lo que se dice siempre. Casi me asombra que la Compañía no lo imprima al final de la lista.

CLIENTE: (Retorciéndose las manos) ¿Qué voy a hacer? ¡Es tan complicado! ¡Es tan difícil elegir!

EMPLEADO: Sí, es difícil. Y sobre todo comprometido, porque el mono puede averiarse. Yo que usted, por ejemplo, no lo mandaría por los perros. Un peligro gravísimo.

CLIENTE: ¿Y entonces? (Casi llorando) ¿Qué hago, entonces?

EMPLEADO: En fin, un poco puedo ayudarlo. Lo mejor va a ser que lo mande por correo certificado riesgoso.

CLIENTE: ¿Qué es eso... riesgoso?

EMPLEADO: Quiere decir que en realidad está prohibido mandar antropoides embalsamados por correo. Si le abren el paquete en alguna oficina, se acabó el transporte.

CLIENTE: ¿Y qué pasa?

EMPLEADO: No sé, supongo que le confiscan el cuadrumano, o lo devuelven al remitente con una carta amenazante. Es terrible el lenguaje que emplean. Yo casi le aconsejaría que no lo mandase. (13-14)

Later in the play the Employee locates a recent regulation, and with obvious pleasure announces that nothing at all can be sent to Pehuajó. The Client wrings his hands in despair as he exclaims "¡Nada a Pehuajó! ¡Nada a Pehuajó!"

There are other sequences which are primarily used for comic value. For example, Sr. López spends almost all of his time in ordering food, eating in obviously gluttonous fashion, or licking his lips in anticipation of more food. He first orders chicken, and the bird about to be sacrificed is led on stage and engages in conversation with the maitre d' and Sr. López. The chicken finally agrees to be eaten when López threatens to have mushrooms instead, and the Maitre d' shortly comes back on stage:

(*Reaparece el Maitre con una fuente en la que se distinguen las patas y las alas de un pollo. El Sr. López empuña una pata y come vorazmente.*)

MAITRE: Se portó muy bien. Escribió una carta a su madre, bebió un trago de ron Negrita y caminó con valor hasta la cocina. Sus últimas palabras fueron: "Nada de hongos en mi salsa." He creído delicado acceder a su postrer pedido y como verá usted, señor López, el animal está saltado a la manteca y rociado con una salsa de menta donde sobrenadan unas finísimas rebanadas de ajo.

SR. LÓPEZ: (*Tragando*) Un pollo muerto vale por dos vivos. Ya me parecía que no se ganaba nada con verlos. No sirven más que para hacer escenas. Se da cuenta? (*Indignado*) Uno ya no sabe qué pensar. Son todas esas emanaciones nuevas que andan por el aire. Los neutrones y esas cosas. (11-12)

Another comic sequence has to do with the exaggerated figure of an American tourist, who really does not contribute much to the action of the play except a total lack of understanding and an abismal Spanish:

(*Entra la Turista Americana, vestida de turista americana. El Mozo I se apresura a instalarla en una mesa del fondo y a la derecha. Se oyen algunos compases de Spangled Stars and Banners* [sic]).

LA TURISTA AMERICANA:	(*Con un manual de conversación en la mano*) Eh... éstey magníficou ejémplou dei larkitec... chur colónial... Oh deár, wrong again! (*Hojea el manual*) ¿Dóndey sta mi ekipájei?
MOZO I:	Si madame permite. (*Le busca una página*).
LA TURISTA AMERICANA:	Ou, tánkia! Méi hácei el favohr dei dármei un húgou de frúta.
MOZO I:	Si, señora.
LA TURISTA AMERICANA:	Y el guío tlelfóunico.
MOZO I:	Si, señora.
LA TURISTA AMERICANA:	Y yo kisiéra comer algo vivou.
MOZO I:	¿Vivo, señora?
LA TURISTA AMERICANA:	Quiérou decir, yo tiene que ver primérou lo que voy a comer y decir O.K. (9)

Perhaps the central and most serious thread of plot has to do with the figure of a Judge, who appears in the restaurant with a scale, not as a symbol of a balanced administration of justice as one no might expect, but rather to weigh the many portions of carrots that his dyspectic digestive system requires. Beyond the comic dimensions of that situation, however, we see that the Judge is really unable to make any decision beyond the meting out of his carrots, and that at the same time he is operating under a considerable amount of guilt. His bailiff informs him early on that a person he has condemned to death is about to be executed, and that therefore he will violate the cardinal rule of remaining at home on execution days. Under the stress of that violation, and the terrible decision of whether or not to eat a dish of ice cream that Sra. López offers him, the Judge sees in the Maitre d' some of the characteristics of the condemned man, Carlos Fleta, in particular an anchor/rose tattoo on the left arm. The play ends in checkmate as the Judge leaves the stage in total defeat and confusion:

MAITRE: El señor Juez no se siente muy bien. Sería mejor que fuera a descansar a su casa.
JUEZ: *(Temblando)* Usted...usted es...Usted era...
MAITRE: El maitre, para servirlo.
JUEZ: No...Usted era...*(Se acerca a él, retrocede, vuelve a acercarse. El Maitre sigue limándose las uñas, mientras el Juez le mira ansiosamente el brazo izquierdo. Tiende la mano, en un gesto de súplica para que el Maitre se descubra el antebrazo, pero el Maitre no parece darse cuenta. El Ujier sostiene al Juez, que se decide a salir, y finalmente consigue llevarlo hacia la puerta, mientras el Juez sigue señalando el brazo del Maitre. Cuando han salido, el Maitre guarda la lima y se sube la manga del brazo izquierdo, donde se ve claramente el tatuaje de un ancla y una serpiente).*
MAITRE: *(Pensativo)* ¿Qué habrá soñado ese infeliz? (47)

Adiós, Robinson, the second of Cortázar's 1984 dramatic texts, is a radio-script parable on the "civilizing" force of European culture. Defoe's character and his man Viernes make a present-day return to the island where they were earlier marooned. They travel by air, as one might imagine, (with Viernes displaying an obsequious concern for Crusoe, made questionable by a repeated nervous giggle.) They arrive on a flight from London to Juan Fernández, which now is a stopover point for travel to other places in South America and has a modern and well-organized international airport, hotels, skyscrapers, museums, and even an opera house. As an internationally famous author, Robinson is received with correctness in spite of a now notable xenefobia among inhabitants of the island and a particular dislike for Britons. When the two arrive they are taken immediately to a hotel, where Robinson is given an obligatory itinerary of activities and events. Viernes, on the other hand, can proceed as a native son to make his own arrangements with Plátano, the chauffeur, and with others he meets.

It quickly becomes apparent to Crusoe that in spite of a veneer of civilization on the island he and the other European inhabitants are even more isolated than he was on his first stay. Viernes and his friends are in contact with a real world which Robinson can only glimpse at times. This conversation between Crusoe and Nora, a government functionary, indicates that distance:

(Se oye el griterío y la música de una fiesta popular.)

> NORA: O sea que de alguna manera el verdadero final del libro es diferente.
>
> ROBINSON: Sí, Nora, diferente.
>
> NORA: Ese Viernes agradecido y fiel, aprendiendo a vestirse, a comer con cubiertos y a hablar en inglés, parecería que es él quien hubiera debido salvar a Robinson Crusoe de la soledad. A Robinson y a mí, por supuesto, a mí y a todos los que nos reunimos en un lobby de hotel para beber un inútil trago recurrente y para ver nuestra propia tristeza en los ojos del otro.
>
> ROBINSON: *(Después de una pausa)*: ¿Nunca podré caminar por las calles con usted, Nora?
>
> NORA: Me temo que no, y es lástima. Habitúese a los autos cerrados, se ve bastante bien por las ventanillas. Yo ya me he acostumbrado bastante, Juan Fernández es para mi como una serie de imágenes bien recortadas en el marco de las ventanillas del auto. Un museo, si se piensa bien, o una proyección de diapositivas. Adiós Robinson. (63)

The figure of Viernes changes as the action moves along, and he finally leaves behind the fiction of servitude and the nervous giggle in order to present a kind of common-man statement:

VIERNES: *(Con una voz más grave, más personal)*: ¿Por qué crees, Robinson, que esta isla se llama Juan Fernández?

ROBINSON: Bueno, un navegante de ese nombre, en el año...

VIERNES: ¿No se te ha ocurrido pensar que su nombre no es el mero producto de un mero azar de la navegación? Tal vez no hay nada de casual en eso, Robinson.

ROBINSON: En fin, no veo la razón de que...

VIERNES: Yo sí la veo. Yo creo que su nombre contiene la explicación de lo que te ocurre ahora.

ROBINSON: ¿La explicación?

VIERNES: Sí, piensa un poco. Juan Fernández es el nombre más común, más vulgar que podrías encontrar en lengua castellana. Es el equivalente exacto de John Smith en tu país, de Jean Dupont en Francia, de Hans Schmidt en Alemania. Y por eso no suena como un nombre de individuo sino de multitud, un nombre de pueblo, el nombre del uomo cualunque, del jedermann... (65)

The script ends as Robinson and Viernes, now substantially changed by the visit to the island, prepare to take the return flight to London. Things will never be the same, as this final dialogue indicates:

ALTAVOZ: Atención, embarque inmediato de los pasajeros con destino a Londres. Se les ruega llevar en la mano los certificados de vacuna.

ROBINSON: Sabes, casi quisiera quedarme ahora. Tal vez...

VIERNES: Demasiado tarde para ti, me temo. En Juan Fernández no hay lugar para ti y los tuyos, pobre Daniel Defoe, no hay sitio para los náufragos de la historia, para los amos del polvo y el humo, para los herederos de la nada.

ROBINSON: ¿Y tú, Viernes?

VIERNES: Mi verdadero nombre no es Viernes, aunque

nunca te preocupaste por saberlo. Prefiero llamarme yo también Juan Fernández, junto con millones y millones de Juan Fernández que se reconocen como nos reconocimos Plátano y yo, y que empiezan a marchar juntos por la vida.

ROBINSON: ¿Hacia dónde, Viernes?

VIERNES: No está claro, Robinson. No está nada claro, créeme, pero digamos que van hacia tierra firme, digamos que quieren dejar para siempre atrás las islas de los Robinsones, los pedazos solitarios de tu mundo. En cuanto a nosostros dos (*con una carcajada*) vamos a Londres, y este avión no nos esperará si no nos apuramos. (*Siempre riendo*). ¡Corre, corre! ¡Los aviones no esperan, Robinson, los aviones no esperan! (66-67)

Having taken a brief look at the two texts, then, let me suggest some possible interpretations. To begin with, the sense of the comic is very strong. The zaniness of the absurd situations and characters in *Pehuajó*, or the amusing modern transformations of Juan Fernández in *Robinson*, are calculated to make us at least smile as we follow them along. On the other hand, that very comicality has its dark side, and as we smile we are moved toward tragedy, or at least toward absurdity. A judge who has trouble with even the smallest decision, a transportation system that does not transport, or the vision of a once-isolated island with all the problems of modern civilization, all could put us in more direct touch with our own inadequacies or with the larger problems of our modern social structures. There are even some real, and very Argentine difficulties, that the plays bring to mind. For example, could there be anything more absurd or more tragic than the *guerra sucia* or the Malvinas conflict? I am convinced that such spectral realities lurk not too far off stage in Cortázar's theatrical fictions.

A final question. Do these pieces function as theater, or are they simply próse fiction masquerading as theatrical creations? My first conclusion is that *Pehuajó* could be staged effectively, and in the process would gain considerably in intensity and impact. The chessboard stage setting, the stark stylization of some of the characters, and the adroit interweaving of fast-paced dialogue could all make for a most engaging presentation on stage. On the other hand, the staging of *Robinson* would in my opinion be more problematic. The intertextual role reversals are interesting, but in many ways the text maintains the sketchiness of a radio script. The various scenes required (airport, street, hotel) might be difficult to handle on stage, and could be more effective in a television or movie adaptation. In any event, my overall conclusion is that these texts are worthy of additional attention, especially as one of Cortázar's final creative moments. We can hope that further study, and perhaps even staging, will be forthcoming.

BRIGHAM YOUNG UNIVERSITY

List of Works Cited

Alazraki, Jaime. "De mitos y tiranías: relectura de *Los reyes*." *Inti* 22-23 (Autumn 1985-Spring 1986): 193-203.

de Mundo Lo, Sara. *Julio Cortázar, His Works and His Critics: A Bibliography*. Urbana, Illinois: Albatross, 1985.

Cortázar, Julio. *Nada a Pehuajó (Un acto); Adiós, Robinson*. Mexico: Editorial Katún, 1984.

——. *Los reyes*. Buenos Aires: Gulab y Aldabahor, 1949.

——. *Los reyes*. Madrid: Ediciones Alfaguara, 1985.

González-Echevarría, Roberto. "*Los reyes*: Cortázar's Mythology of Writing." *Books Abroad* 50.3 (Summer 1976): 548-57.

——. "*Los reyes*: Cortázar y su mitología de la escritura." In Pedro Lastra, ed. *Julio Cortázar: el escritor y la crítica*. Madrid: Taurus, 1981. 64-78.

Peavler, Terry J. *Julio Cortázar*. Boston: Twayne Publishers, 1990.

Planells, Antonio. "*Los reyes*: génesis dramática de la soledad y de la erótica cortazarianas." *Revista Canadiense de Estudios Hispánicos* 7.1 (Autumn 1982): 181-88.

Eugenia Victoria Herrera and Myrna Casas' Redefinition of Puerto Rican National Identity[1]

N CONTEMPORARY PUERTO RICAN drama, Francisco Arriví, René Marqués and Luis Rafael Sánchez are often singled out as the three key figures whose plays have traveled well beyond the island to reach an international critical audience.[2] The first two are members of the generation that did much to revive national theater in Puerto Rico and to develop a style of poetic realism that addressed sociopolitical themes by means of innovative technical experiments with light, music and dramatic time. Sánchez personifies the vanguardist trend in Puerto Rican theater and narrative and is perhaps most prominent today for his spectacular success with *La guaracha del macho Camacho* (1976), a linguistic and narrative tour de force. These three

---

[1] Before being re/visioned for this volume, the originating ideas for this essay were first fashioned as papers: "Women Dramatists of Puerto Rico within a Socio-Historical Context," (University of Southern California, January, 1978) and as "Myrna Casas and Puerto Rican Cultural Identity," South Central MLA, October, 1992.

[2] As examples, see Frank Dauster, "Drama and Theater in Puerto Rico"; Sandra Messinger Cypess, "The Unveiling of a Nation: Puerto Rican Literature in the Twentieth Century"; Priscilla Meléndez, "Teoría teatral y teatro puertorriqueño de los 80."

dramatists have also dealt with the theme of national identity, especially as it intersects with the problems of colonialism (Dauster, "René Marqués"; Sánchez). In this essay I would like to explore an aspect of the theme of national identity within the Puerto Rican theatrical tradition as it is configured by Myrna Casas in *Eugenia Victoria Herrera* (1964). As a woman, Casas adds a distinct approach to the idea of Puerto Rican nationalism, or identity with the land of Puerto Rico.

Myrna Casas (1934) is considered another of the active members of the Generation of the Sixties, sharing with Luis Rafael Sánchez both a thematic interest in issues of Puerto Rican national identity and the exploration of innovative techniques. An active participant in the theatrical life of the Island, Casas has performed in various roles—as actress, director, producer, dramatist, as well as a former chair and professor of drama at the University of Puerto Rico. Most of her plays fit the definition of "teatro de la vanguardia," as her own anthology of Latin American theater is called. For example, both *La trampa* (1963) and *Absurdos en soledad* (1963), one of her more critically studied works, use absurdist forms and techniques to explore the themes of fragmentation and alienation in contemporary society. In *Impromptu de San Juan* (1974), the classical model of Molière is transformed into her own Puerto Rican vision. Thus, her dramaturgy includes the innovations in time and non-verbal signs first associated with Marqués in Puerto Rican theater and incorporates the theoretical and dramatic contributions of Artaud, Ionesco, Beckett, along with the multi-media techniques of Brecht. Of all her plays, *Eugenia Victoria Herrera* is the only one to be identified as a "well-made play" of the realist-illusionist school of the nineteenth century.[3] Casas, however, appears to follow the traditions—both theatrical and national—only to subvert that past. I suggest that *Eugenia Victoria Herrera* offers an ironic version of other plays that support the patriarchal, colonial system, notably René Marqués's *Los soles truncos*.[4] In place of an out-moded meaning of national

---

[3] See Josefina Rivera de Alvarez, *Diccionario de la literatura puertorriqueña*, vol. 2, 305.

[4] Efraín Barradas analyzes the intersection of Marqués's machismo and

identity that focuses on the figure of the male, *Eugenia Victoria Herrera* considers a definition that is broad enough to include women as active agents in the inheritance and maintenance of the national patrimony.

When Casas takes on the theme of national identity, she inserts her work into the dominant discourse, a discourse generated in Puerto Rico by a largely, white, privileged class described by José Luis González in *El país de cuatro pisos*. Casas re-visions the dominant order to reflect a change in social and power relations along gender lines. She directs her gaze to the role of colonial women in Puerto Rican society, combining feminism with a critique of the more general problems of colonialism. The theme of women's rights, however, as understated as it had been before the sixties, cannot be considered new in Puerto Rican theater, for nineteenth century dramatists, including such a key figure as Alejandro Tapia, addressed the topic, and in the early part of this century Luisa Capetillo (1880?-1922) wrote works that supported feminist issues, as seen in her *Influencia de las ideas modernas*.[5]

Just as Casas's *Absurdos en soledad* is not absurdist in the European vein since it has an intentional level of social criticism as it attempts to redefine the position of women in Puerto Rico, *Eugenia Victoria Herrera* is not the traditional "well-made" play.[6] In commenting briefly on the work within the trajectory of Casas's theater, Josefina Rivera Álvarez notes disapprovingly that "facturado a tono con líneas que parten de la escena tradicional, no exentas de

---

his ideas of nationalism in "El machismo existencialista de René Marqués."

[5] *Influencia de las ideas modernas* (San Juan: Negrón Flores, 1916) is the collective name for plays whose individual titles show their thesis: "Matrimonio sin amor, consecuencia el adulterio," "La corrupción de los ricos y la de los pobres o Cómo se prostituyen una rica y una pobre," and "En el campo el amor libre." For further information of Capetillo's contributions, see Norma Valle, "La primera en librarse"; for Capetillo's place in Puerto Rican theater, see Cypess, "La difícil esperanza hecha realidad: la dramaturgia de la mujer en Puerto Rico."

[6] On the definition of the European theater of the absurd, see Martin Esslin, *The Theatre of the Absurd*; for a comparison with Latin America, see Javier Ortiz, "Jorge Díaz and the Theatre of the Absurd."

cierto melodramatismo, representa un retroceso en la trayectoria
teatral de avanzada que venía siguiendo la escritora" (305). Casas has
admitted that she wished to write a "pièce bien faite" in the style of
the nineteenth century, and the historic setting and theme conform
well to the conventional structure based on three acts that correspond to the exposition, complication and resolution. Although the
reader/audience is presented with an apparently realistic play that
is rooted in the nineteenth century, Casas does not continue the
configuration of social and gender relations upon which that society
was based. Her play attempts to subvert the dominant culture's
beliefs about its principal values, primarily the sexual discrimina-
tion that is so deeply rooted in Puerto Rican culture and society, as
Edna Acosta-Belén has described it (281).

The Herrera family of Casas's play joins other patriarchal
families on the Puerto Rican stage: the Andrades in *La hacienda de
los Cuatro Vientos* by Belavel, the Bermúdez family of *La invasión*
by Méndez Ballester and the Burkharts of *Los soles truncos* by
Marqués. Gender roles in those plays follow a pattern that places
the male in the position of authority and the woman in the
submissive role. While the land is often described in terms of
feminine attributes, the male is seen as the figure who dominates
and controls the land. Casas deconstructs this spatial code in which
man dominates and controls the land while the female-as-land is
passive and waits to be controlled. By focusing her *Eugenia Victoria
Herrera* on the role of women in patriarchal families, Casas shows
that such a role can be transformed. The female protagonist Eugenia
Victoria Herrero presents contemporary middle-class Puerto Rican
women (those who form the audience for the play) with modes of
action that enable them to rewrite their own identity. In being
offered alternative ways of viewing the past, these women are asked
to question contemporary conditions.

Casas locates the action in a village on the west coast of the
Island and, more important, the time is fixed at "varios años antes
de la invasión de 1898" (117). The chronology is significant in regard
to identifying the sociocultural structure of the period—a form of
Hispanic patriarchy of the sort Marqués favored and supported
nostalgically in such a prototypical play as *Los soles truncos* (1958).
Although Casas's dramatic heritage is derived from Marqués, and,

I would claim, aspects of that play serve as a subtext for Casas, she nevertheless appears to be subverting the Marquesian ideology to show its shortcomings and the need for a new pattern of behavior within the definition of national identity. Casas announces a change in that traditional structure with the very title of the play, for she selects as its chief protagonist the youngest daughter of a *criollo* land-owning family, Eugenia Victoria Herrera. As the youngest and a female in this traditional patriarchal family, this child holds the least power in the family structure. Moreover, the circumstances of her birth also appear to predict her misfortune. Her mother Victoria, whose name also "graces" the family property, died at her birth after already having borne Jaime and Josefa. The father cannot forgive the child whose birth caused his beloved wife's death, and he rejects Eugenia Victoria. Ironically, the child was given the optimistic name Eugenia Victoria in memory of her mother, a designation which offers a contradictory version of her birth. Eugenia—whose meaning is derived from the Greek and means "well born"—and Victoria—victory-suggest the opposite signs of her own unpropitious beginnings, but they also signal the public that the signs in the play are not fixed and inflexible but transformable and by extension to the social sphere, free from authoritarian control.

The repetition of the name for mother, daughter and the family property invites us to examine the relationship among them. In symbolic terms, the figure of the mother often suggests tradition. In *Los soles truncos,* Mamá Burkhart is clearly related to the Spanish heritage of Puerto Rico.[7] One should recall, too, that Mamá Burkhart bears the aristocratic Christian name of Eugenia, and perhaps this repetition of names is another way for Casas to signal to the audience that she is re-reading Marqués's play. It is possible to read the role of Eugenia Victoria's mother in allegorical terms. She, too, may represent the Mother country ("madre patria") and its policies;

---

[7] Recall that Eugenia Sandoval—Mamá Burkhart—is described as having hair like "el vino de Málaga" and is said to have died of the "dolor de ver flotar una bandera extraña donde siempre flotara su pendón rojo y gualda" (Marqués 33), a comment that clearly associates Marqués's Eugenia with Spain.

Spain, the metropolis, benefitted from the produce and the workers of the colony without having to physically live on the land. In the play the mother did not wish to live on the family's estate, but preferred to remain in a house in the village, as Don Miguel tells us: "A ella le gustaban las cosas finas, elegantes. Por ella compré esta casa ..los muebles... todo. No quiso nunca vivir en el campo. No pude convencerla de que fuese conmigo a la hacienda. Le puse su nombre, 'La Victoria', pero, no, prefería vivir en ese pueblo" (161). The importance given to the land and its symbolic name "La Victoria" both seem to suggest that the property in question is more than rural real estate; it represents the domain of the family, the property of the patriarch-patriot—the nation.

The father, true representative of the "patria," desires the territory and wants to make it his own, working it, subduing it, and eventually, planning to give it as an inheritance to his first-born son, Jaime. We note Don Miguel's insistence on using the land but also keeping it for the family: "La caña se corta, el café se recoge... cosecha tras cosecha... pero la tierra queda" (161). Although Don Miguel expects to give the property to his son Jaime, the latter does not share his father's interest and prefers to sell it after his father's death. Josefa, the other daughter, also expresses the desire to live far away from the family land, for she prefers the city to the country. These ideas correspond to the desire of the colonized to belong to the metropolis and deny their origins. As such students of colonialism as Frantz Fanon reminded us in *The Wretched of the Earth*, the colonials are taught to accept the propaganda of the oppressors and deny their own origin, so they feel uncomfortable in their own "land," as do Jaime and Josefa.

The sole child who rejects this aspect of the colonial mentality is Eugenia Victoria. Initially, in the first two acts of the play, Eugenia accepts the dependent status of Josefa and repeats her sister's desire to leave the land. Her identification with Josefa is strengthened in that she believes she is also in love with Mario, Josefa's husband. The illicit love for Mario represents the phase of her development in which Eugenia acts as a colonized woman in the thrall of her society's patriarchal attitudes. Being a woman in a patriarchal society, Eugenia depends on the men around her for the satisfaction of her needs. She pleads with Mario: "Tienes que llevarme lejos, muy lejos de aquí. Tengo que salir... " (175). Eugenia Victoria is here still a creation of a male dominated society, a female who is dependent and a victim.[8]

Eugenia's interactions with Jaime and Mario bring her to the realization that the true value of life is found not in fleeing from her land but in identifying with it. Unlike her mother and siblings, Eugenia arrives at her conclusion of proper behavior when she reaches an understanding of her father's strength—his appreciation of the land; as she tells Mario, "Todos somos sombras amargas, todos excepto papá. Es extraño, papá es el único Herrera que tiene derecho a la vida... porque tiene su tierra" (175). This observation indicates that Eugenia realizes the importance of the possession and no longer identifies with the colonial mentality. She is on the road to becoming "Eugenia" or well born.

Ironically, her changing interest in the land further aligns her with the father, who also had expressed in his youth a desire to leave the property. Don Miguel confesses to his son that "Estuve amargado por un tiempo... pensé huir... Pero cuando conocí bien la tierra olvidé mis sueños... La tierra daba fruto porque la trabajábamos con amor y mis sueños olvidados se convirtieron a poco en tierra... una tierra fértil... mi tierra..." (162). It is through the knowledge of the land, and his love for it, that Don Miguel realized he did not need to escape his country and look for his identity elsewhere. Eugenia is the only one of his children who eagerly seeks to repeat this model. However, according to patriarchal society, the privilege of continuing the pattern of the father belongs to Jaime as the first-born son; he is expected to follow the path of his father.

Jaime, on the contrary, never shows himself to be a disciple of his father. He not only rejects the land but expresses an incestuous love for the child that his father has rejected. It seems that all he wants of his family is to possess Eugenia, or as he calls her, "mi pequeña emperatriz" (204). In Montes Huidobro's Freudian interpre-

---

[8] For perceptive analyses of variations on the theme of female dependence on the male see Sharon Magnarelli, *The Lost Rib: Female Characters in the Spanish American Novel.*

tation of the play, Jaime's incestuous love indicates that he rejects his father as the "responsable fálico de la muerte de la madre" and conversely, attaches himself to Eugenia as the "proyección uteral materna" (103). I suggest another reading: Eugenia's growing attachment to the property defines her more as a reflection of the father than the mother. Eugenia not only does *not* repeat the pattern of the mother, but subverts the traditional patriarchal patterns of behavior by taking the place of the first-born son. Indeed, if a remnant of the Oedipal subtext is at work here, it is subverted to a feminist rendition. The son's fight for the mother is played out in the body of his sister, the mother-substitute, given that the mother is dead; yet the sister rejects the new suitor, a "chip off the old paternal block" and reconstitutes the triangle, as our discussion of the play's ending will elaborate.

Symbol of the weak colonial, Jaime succumbs to his jealousy when he realizes the existence of another love triangle: Eugenia desires Mario. He sets fire to Mario's store, with the dual purpose of avenging his unrequited love and of forcing Mario to work on the property that he unwillingly will own as the spouse of its inheritor, Josefa. Ironically, Jaime hopes to get Mario to replace him as the owner of the land, but he prefers to take his place as the "owner of the heart" of Eugenia. But Jaime's plan, which contradicts the inherent values of the play as proposed by Eugenia, is thwarted and he is punished. He dies as a result of the fire he set.

According to the requirements of the "well-made" play, the death of Jaime does not occur on stage but is suggested at the end of the second act, and the third act begins after his death in the fire. It is interesting to compare the symbolism of the fire in this play with that of a more famous fire scene on the Puerto Rican stage: that of the three sisters in *Los soles truncos*. Dauster has pointed out that the destruction through fire is "una viva metáfora de la purificación" ("René Marqués" 110), and Montes Huidobro suggests in passing that the fire relates the play to *Los soles truncos*, since the Burkhart sisters, like Jaime, thought of their destruction of the house as a form of vengeance and as a liberation (106). I would add that the female protagonists of *Los soles truncos* are as retrograde as Jaime in their actions, for suicide and death will not bring about the national liberation they seek. Casas, unlike her predecessor, presents a protagonist who is both positive and life-affirming in her actions and approach to the problem of national identity. Montes Huidobro reads the actions of Eugenia Victoria as "siguiendo una cierta dirección pesimista del pensamiento puertorriqueño" (107). I suggest, on the contrary, that when Eugenia Victoria concedes to Jaime, "¡Nunca seremos libres!" (205), that is not her final decision on the subject. She denies the possibility of liberation if it is to be *within the context of the colonialism and patriarchy symbolized by Jaime.* The death of Jaime and its repercussions cause her to change from a representative of the patriarchal female to the new "postcolonial" figure who challenges patriarchy and colonialism.

Jaime's death could have meant that Josefa, another example of the colonial mindset, would inherit the property, since that is the father's next recourse. Josefa, however, representative of materialism, and as the father's favorite, of "patriarchal femininity," expresses her plan to sell the land and leave the country with the profits. Thus, by following the traditional lines of patriarchal inheritance, the father places in danger the family's identification with the land. When Eugenia willingly exchanges her money for the land, she becomes the proprietor and "dueño de lo que papá más quiso" (234). The irony of this ending is not only that the daughter who had been rejected and ignored shares the love of the father's land—the fatherland—but that she in effect takes the male's place. I would suggest that she has not become a male figure, a "patriarchal female," but she has asserted the right of the female to own the land, to be part of the "patria."

If we examine the repercussions of Eugenia's birth and subsequent development within the play, we note that in allegorical terms her progress has been one from the margins to the center and emphasizes women's significant role in the formation of a national consciousness. Her birth caused the death of one form of the unhealthy past (the mother as symbol of the ties to the mother country)—and her rejection of Jaime's improper, incestuous love—the colonialist pattern—led to his death. Jaime, as the natural heir of the patriarchy, was erased from the chain of succession, and with him, a future identified with colonialism and patriarchy. It is interesting that the incestuous love of Jaime for Eugenia parallels Eugenia's initial incestuous/prohibited love for Mario, her brother-in-law. Both men are similar in their desire to reject the property. The two illicit love pairs are based on a distortion of traditions. Eugenia must be able to repudiate them both in order to prove her own lucidity and well-being. As a result of the fire of purification, it is Jaime and his colonialist mentality that perishes and leaves the healthier aspect of the family alive to continue in an independent manner.

Ironically, those who died made it possible for the true Puerto Rican spirit to survive, for the appropriate figure to inherit the land. How can Puerto Ricans be free if they deny their land? The answer lies in creating a Puerto Rican who responds to the call of the land (both as "patria" and "tierra" to be cultivated). As Eugenia expresses it, "'La Victoria' me necesita. Por primera vez en mi vida alguien me necesita" (232). Her use of "alguien" shows her personification of the land, an interesting development of thought. Eugenia had rejected her male suitors, for they represented destructive relationships. Her reliance on Mario had been a sign of debility as much as passion. Her desire was misdirected since Mario did not share her true aspirations: he did not wish to work the land or develop it, but to sell it for profit. As an outsider who would be able to profit from the property because of his marriage to Josefa, the materialist, he appears to represent the business interests, foreign perhaps, that take advantage of the native-born Puerto Ricans and exploit the land for their own benefit. Jaime's death, as mentioned above, liberated her to realize her role in the formation of national identity.

After Jaime is gone, throughout the third act Eugenia increasingly departs from the role of the supplicant, sensitive female who relies on the male members of her household. For example, when she wishes to arrange the deal that would give her possession of the land in exchange for her inherited money and the house, she talks directly with Josefa to make the arrangements. When Mario wishes to speak for Josefa, Eugenia brushes him aside brusquely with a curt "Hablo con Josefa" (220) She shows her independence of this former lover and the outsider's claims on the land that he represented. As each member of the family expresses disdain for the land and departs, all that remains is the love of the "patria" as it is expressed by a female protagonist. In choosing the figure of a woman to represent "lo puertorriqueño" Myrna Casas shows how important it is to the political agenda of her country to include the female in its conception of national identity, although traditionally, women were among the marginalized groups of society. As Eugenia categorically states, "la tierra de mi padre es mía" (233). She no longer needs the intermediary of the primogenitor or another male figure in order to control the land.

The actions of the female protagonist of *Eugenia Victoria Herrera* represent a radical theme that opposes colonialism and patriarchy. Once Eugenia is emancipated from Jaime and Josefa-Mario, she is able to face her father, which she does in the concluding scenes of the play. The final resolution occurs in a two-person "show-down" between the father and the youngest daughter. Eugenia, ironically, has already been identified with her father, as Josefa notes: "Quien lo hubiese dicho, Eugenia... ni siquiera pensando... tú, tú, Eugenia... dueña de lo que papá más quiso.... Eres como él... el vivo retrato de papá" (225). It is not the son who inherits from the father, but the daughter who has become "el vivo retrato"—a representative of the "fatherland." Unlike *Los soles truncos*, in which the three siblings—daughters all—were unable to hold on to the property and were forced to sell it to the "Marios," in this family one of the siblings was able to maintain the land and is expecting to work it, "tomar las riendas de 'La Victoria'" which had been the duty of the first-born son, as don Miguel so states, (209).[9] The suicide of the Burkhart sisters, which parallels that of Jaime, rids the island of an inimical pattern of behavior for the Puerto Rican people. Eugenia's father had been misguided when he ignored her and her possible contributions, but she amends the pattern at

---

[9] Montes Huidobro also makes note of the comparison between *Los soles truncos* and *Eugenia Victoria Herrera* with regard to the fathers' obsession with the land: "es el padre [de *Los soles truncos*] el único que parece tener una conciencia de la tierra, y como en el caso de los Herrera, los dueños de "La Victoria," dice: 'Jamás vendáis vuestras tierras, niñas'" (400). As I point out, however, in contrast with Eugenia, the daughters of the Burkhart family were not interested in working the land; as Marqués admits through the mouth of Inés, "Tierras que no se trabajan, siempre serán de los bárbaros" (48).

the end. The play closes with her final words, announcing that "yo también soy una Herrera" (241).

Her insistence on her family identity emphasizes the change in the signs and Casas's subversion of the tradition by which descent and inheritance are reckoned by the male. Had the "natural" configurations of national identity continued, Jaime would have inherited his father's land and Eugenia would have remained ironically named, an outsider and a victim. Eugenia would have lived true to the behavior of women of her class in the nineteenth century—passive and compliant with the wishes of the male authority. The struggle of the males for the possession of the female and the land she symbolizes would have been operative, as it has been textualized in the canon. In this play, however, none of the male choices are functional, and it is ultimately the female whose decisions are successful. Casas's play points out the importance of considering female choices and contributes to the previously neglected area of study of females as effective factors in social and cultural, as well as sexual, selections. As the final words of the play emphasize, it is Eugenia who names herself an Herrera ("yo también soy una Herrera"). The naming process has always been considered a sign of authority and power from the time of the biblical Adam. If "women have had the power of naming stolen from us" as Mary Daly expresses it in *Beyond God the Father* (45), then Eugenia Victoria empowers herself as woman and inserts her discourse into the dominant mode.

Previously, nationalists may have agreed with Marqués, that an independent Puerto Rico would reflect "el punto de vista y las actitudes de un sistema patriarcal, agrícola, latifundista, y tradicionalmente la mujer no podía desempeñar ningún rol de mando o autoridad," as Efraín Barredas summarizes for us the Marquesian position (78). According to Barradas, Marqués did not understand that the form of nationalism he supported "puede oprimir a la mujer" (78). Casas rejects such a narrow definition of Puerto Rican identity and appears to select the same vision as that of Carmen Marrero, another playwright who combines feminist issues with those of national identity. In her play *¿Por qué no se casa, Señor Senador?* (1953), Marrero expresses the political theme that women's rights have been excluded from the national agenda. Her play shows that success will not occur until women are included, along with the *jíbaro*, the worker, the farmer, in the liberation movements of the country (Cypess, "Carmen Marrero" 99). Like Marrero, Casas first mimics and then deconstructs the patriarchal attitude. It is not the father's identification with the land that is being criticized here, but the idea that only the son is the true inheritor of that "patrimony." By attacking both gender oppression and colonialism, *Eugenia Victoria Herrera* shows that male or female, the ones who reject Puerto Rico as their land remain groundless (literally and figuratively), and that the true victors are those who identify with the land, live on it and work it for the benefit of the country. Casas's drama provides new meanings for the old patterns in the struggle for identification and recognition—for herself as a woman and for Puerto Ricans in general.

UNIVERSITY OF MARYLAND, COLLEGE PARK

List of Works Consulted

Acosta-Belén, Edna. "Women in Twentieth Century Puerto Rico." *The Puerto Ricans: Their History, Culture, and Society*. Ed. Adalberto López. Cambridge: Schenkman, 1980. 273-82.

Barradas, Efraín. "El machismo existencialista de René Marqués." *Sin nombre* 8.3 (1977):78.

Casas, Myrna. *Absurdos en soledad; Eugenia Victoria Herrera*. San Juan: Editorial Cordillera, 1964.

Cypess, Sandra Messinger. "Carmen Marrero y su drama feminista." *Explicación de textos literarios*. 18.1 (1989-1990): 88-99.

———. "La difícil esperanza hecha realidad: La dramaturgia de la mujer en Puerto Rico." *Subversión de cánones: La escritora puertorriqueña ante la crítica*. Ed. Lizabeth Paravisini. New York: Peninsular Publishing Company, in press. 191-211.

———. "The Unveiling of a Nation: Puerto Rican Literature in the Twentieth Century." *The Puerto Ricans: Their History, Culture, and Society*. Ed. Adalberto López. Cambridge: Schenkman, 1980. 283-309.

Dauster, Frank. "Drama and Theater in Puerto Rico." *Modern Drama* 6.2 (1963): 177-86.

———. *Historia del teatro hispanoamericano* (Siglos XIX y XX). 2ª ed. México: Ediciones de Andrea, 1973.

———. "René Marqués y el tiempo culpable." *Ensayos sobre el teatro hispanoamericano.* Mexico: SepSentas 1975. 102-26.

Daly, Mary. *Beyond God the Father.* Boston: Beacon Press, 1973.

Esslin, Martin. *The Theatre of the Absurd,* rev. ed. New York: Doubleday, 1969.

González, José Luis. *El país de cuatro pisos.* 7th ed. Río Piedras: Ediciones Huracán, 1989.

Fanon, Frantz. *The Wretched of the Earth.* Trans. Constance Farrington. New York, Grove Press, 1961.

Marqués, René. *Los soles truncos.* In *Nueve dramaturgos hispanoamericanos. Antología del teatro hispanoamericano del siglo XX.* Ed. Frank Dauster, Leon Lyday, George Woodyard. Ottawa: Girol Books, 1979. Vol. 3. 12-58.

Magnarelli, Sharon. *The Lost Rib: Female Characters in the Spanish American Novel.* Lewisburg, PA: Bucknell UP, 1985.

Meléndez, Priscilla. "Teoría teatral y teatro puertorriqueño de los 80," *LATR* 25.2 (1992): 151-67.

Montes Huidobro, Matías. *Persona: vida y máscara en el teatro puertorriqueño.* San Juan: Centro de Estudios Avanzados de Puerto Rico y el Caribe. 1986.

Ortiz, Javier. "Jorge Díaz and the Theatre of the Absurd." Dissertation, SUNY Binghamton, June 1994.

Rivera de Álvarez, Josefina. *Diccionario de la literatura puertorriqueña.* Vol. 2, San Juan: Instituto de Cultura Puertorriqueña, 1974. 305.

Sánchez, Luis Rafael. "Cinco problemas al escritor puertorriqueño." *Vórtice* (1979): 2.2-3: 117-121.

El metateatro como elemento renovador: *Parece mentira* de Xavier Villaurutia[1]

PETER ROSTER

N UNA PONENCIA DICTADA por Xavier Villau-
rrutia sobre la obra y figura de Sor Juana Inés de
la Cruz, insistió aquél en que el espíritu caracte-
rístico de la obra de ésta era la curiosidad ("Sor
Juana Inés de la Cruz," en *Obras*, 773-85). Visto
desde esta perspectiva, nos puede parecer curioso que uno de los personajes de *Parece mentira*
(escrita en 1932 y representada en el Teatro
Ulises en 1934) sea llamado precisamente "El curioso." Pero si bien
nos puede parecer curioso, no es de ninguna manera fortuito, ya que
es una cualidad que también puede aplicarse al espíritu central de
la obra de Villaurrutia y también del *grupo* de los Contemporáneos
en general.

Subrayo a propósito la expresión, "grupo de los Contemporáneos," porque me parece que habría que distinguir bien entre dos
conceptos que muchas veces se utilizan como sinónimos; me refiero

---

[1]En forma distinta, este estudio se dio como ponencia en el
*Congreso Internacional sobre Los Contemporáneos. Homenaje a
Jaime Torres Bodet*, auspiciado por el Colegio de México del 24-28
de febrero de 1992; y también durante el congreso sobre teatro
latinoamericano (*Latin American Theatre Today: History, Genre,
Performance*) en la Universidad de Kansas (abril 28-mayo 2, 1992).

a "grupo" y "generación." La distinción fundamental es una hecha ya por la sociología entre grupos primarios y grupos secundarios. Mientras en los grupos secundarios no hay necesidad de un contacto directo entre todos los miembros, en los primarios, el contacto directo es esencial (Abercrombie, 121).

Una generación, por su parte, es un grupo cohorte generacional cuyos miembros comparten una zona de fechas de nacimiento. Pero de aquí no deberíamos llegar a la conclusión de que una generación sea ni un bloque homogéneo—lo cual sería caer en la trampa de una falacia gestáltica—ni que represente un juicio de valor. Más bien, deberíamos afirmar que una generación consiste en una serie de grupos concretos que se colocan alrededor de una cuestión central, candente y que participan de este modo en lo que podríamos llamar un conflicto intrageneracional (Roster, "Impresiones..." y "Generational Transition in Argentina...").

Al igual que los realistas críticos y los neovanguardistas de los años 60 en Argentina riñen entre sí debido a actitudes éticas y estéticas divergentes sin dejar de formar parte de una misma generación, así también los Contemporáneos y los Estridentistas representan facetas distintas, grupos distintos de una misma generación de vanguardia. Con estas aclaraciones sirviendo como telón de fondo, me limitaré en este estudio a insistir en el hecho de que la generación vanguardista mexicana, el grupo de los Contemporáneos y la obra específica de Xavier Villaurrutia, *Parece mentira*, participan de ese espíritu de curiosidad seria y de modernidad que representa la renovación teatral más importante de este siglo; y aún más específicamente, de que una parte fundamental de esa renovación la constituye el fenómeno que se ha dado en llamar "la literatura autorreferente," o alternativamente, la "metaliteratura," cuyas características veremos en la ya mencionada pieza breve de Xavier Villaurrutia.

Aunque la metaliteratura ha existido desde por lo menos la época de Cervantes, Shakespeare y Calderón, es sólo dentro de los últimos treinta años, y aún más frecuentemente durante los últimos veinte, que llega a ser un fenómeno "definitorio" y de especial interés tanto para el artista como para el crítico. Dentro del campo del teatro, fue Lionel Abel quien en 1963, en una colección de ensayos reunidos en un librito titulado *Metatheatre: A New View of Dramatic Form*, parece haber usado por primera vez el término. Desde ese momento en adelante, han surgido muchos estudios sobre el tema, no sólo en la crítica de teatro sino también en la de la narrativa (Alter, Hornby, Hutcheon, Rose, Schlueter, Waugh, y dentro de la crítica hispánica, Kronik y Meléndez, para mencionar sólo a algunos). A través de todos estos estudios sobre el tema, se ha venido precisando el término hasta el punto en que podemos señalar con cierta seguridad las características, formas y principios esenciales del metateatro.

Las técnicas más usadas pueden resumirse en las siguientes:

1–El uso del teatro dentro del teatro (Shakespeare en *Hamlet*, Pirandello en *Enrico IV*, Víctor Manuel Díez Barroso en *Véncete a ti mismo*).

2–La interpretación dentro de una interpretación cuando un personaje hace un segundo papel dentro de su papel inicial (Enrico IV en la obra de Pirandello, Saverio en *Saverio el cruel* de Roberto Arlt, las dos hermanas en *Las criadas* de Genet).

3–El uso de alusiones literarias, alusiones al mundo real contemporáneo y el uso de la parodia (*Antígona furiosa* de Griselda Gambaro).

4–El uso de situaciones o finales contradictorias, incompatibles (los cuentos de Borges o la película "High Heels" de Almodóvar).

5–La autorreferencia a las convenciones teatrales y el proceso creativo (*La señorita de Tacna* de Mario Vargas Llosa o las *Historias para ser contadas* de Osvaldo Dragún).

6–La existencia de un personaje autorreferente capaz de dramatizar a otros personajes (Saverio).

En breve, todas estas técnicas representan "juegos," o la "manipulación" de la jerga de la creación y tienen la finalidad de llamar la atención sobre sí mismas, sobre la obra como ficción, como "otra realidad," una realidad creada, lo cual va en contra de la idea aristotélica, mimética que ha sido la base de nuestra tradición teatral occidental. Lo que sucede es que el mundo de fuera, la supuesta realidad cotidiana, deja de ser el referente del signo teatral, y su lugar es sustituido por la tradición teatral, la creación teatral, la realidad teatral y el proceso creativo mismo. Es decir, que la estructura, la situación, el diálogo y la palabra misma sólo adquieren significado relacionándolos a elementos del conjunto dramático-cultural al que pertenecen. Dicho de otra manera, estos elementos forjan y cobran su sentido a través de un sistema de intrarreferencias literarias, ficticias, y no a través de referencias a lo que se considera la realidad diaria, palpable.

El efecto de estas técnicas en el lector/espectador, en resumidas cuentas, es que le obligan a reflexionar sobre la relación entre la realidad diaria y la realidad del mundo teatral; le hacen sentir incómodo porque rompen con sus expectativas normales del teatro tradicional como reflejo de la realidad exterior. Y, como consecuencia, se le crea una visión doble y ambigua de la realidad. En vez de proporcionarle respuestas, se le deja con dudas y hace que construya su propia conclusión. Podemos decir, entonces, que el metateatro intenta acabar con la transparencia con la que se acostumbra recibir el teatro, haciendo que sus propios códigos, sus propias convenciones, sus propios artificios, se tornen aparentes, visibles y que se conviertan en objeto de su propia acción.

Con respecto a *Parece mentira*, bien sabemos que Villaurrutia sentía la necesidad de ayudar a renovar un teatro que se caracterizaba, en sus propias palabras, por "sucios locales, viejos actores, anacrónicas decoraciones e imposibles repertorios... [y en el que] la vejez parece ser su atmósfera necesaria; la improvisación, su único método; la incultura, su contenido. Vejez, improvisación e incultura se alían para encerrar al teatro en un oscuro e irrespirable recinto." ("El teatro es así," en *Obras*, 736). Y bien sabemos, desde los formalistas, que las transformaciones indicativas de los cambios de época se llevan a cabo mediante el desplazamiento y la refuncionalización de elementos y convenciones existentes pero gastados. En este caso específico, lo que eran motivos típicos de la comedia burguesa de la época (el marido cornudo, el anónimo y el triángulo amoroso) se vuelven a usar como base de esta obra, pero en vez de usarse para conseguir la risa fácil y el efecto superficial, se emplean como un marco de referencia, como un punto de partida que nos lleva a niveles más profundos de significación, semejante a la manera en que Borges se aprovecha del marco del cuento detectivesco en "La muerte y la brújula." Es un ejemplo de lo que Linda Hutcheon ha llamado el "narcicismo diegético disimulado."

Con la situación inicial de la obra (dos personas que acuden al despacho de un abogado: uno sin saber por qué, y otro, el Marido que ha recibido un anónimo diciendo que allí podrá encontrarse con su mujer que le está engañando), el público está preparado para presenciar el clásico melodrama. Pero el desenlace produce la frustración de esa expectativa, y al llevar a cabo esa desrealización del horizonte de expectativa, el autor está jugando con el público al mismo tiempo que desconstruyendo la forma tradicional de la comedia burguesa. Ha habido, en términos formalistas, un desplazamiento de la función típica del triángulo amoroso, y en su lugar, se ha puesto la formulación y "activación" de una historia que pone bajo tela de juicio ideas tradicionales respecto a la naturaleza del teatro, de la personalidad humana, de la realidad en sí y de la relación entre la realidad y el teatro.

Todo esto es curioso, pero de ninguna manera sorprendente si cotejamos el efecto conseguido por esta pieza con lo dicho por el mismo Villaurrutia respecto al arte teatral:

> La imitación servil, fotográfica, de los modelos exteriores y de los fragmentos de vida también exterior, han venido relegando al teatro a un lugar que no merece entre todas las artes.
>
> El autor dramático olvida, las más de las veces, que es un inventor, un creador, un poeta; y que la obra de teatro tiene el deber de objetivar y materializar, no aquello que de hecho ya está objetivado y materializado a los ojos de todos, sino aquello que aún no lo está y que, profundo y huidizo, merece estarlo.
>
> Acaso el camino del teatro actual no sea otro que una completa desrealización, un cambio radical de los medios escénicos, para llegar a captar más profundamente lo real interior y exterior del hombre. ("El teatro. Recuerdos y figuras," *Revista de Bellas Artes*, citado por Frank Dauster, *Xavier Villaurrutia*, 139)

Además de esto que acabamos de señalar, Villaurrutia consiguió la refuncionalización de los otros elementos tradicionales que consideraba ya trillados, en especial, el lenguaje, los personajes, el desenlace y la temática misma.

En cuanto al lenguaje, desde el comienzo de *Parece mentira*, y en especial a partir de la segunda escena, hay una serie de juegos verbales que si bien son típicos de la comedia burguesa alta, en esta obra preparan el camino al enigma metafísico que nos plantea la obra al final. Y, por otra parte, son de por sí ejemplos concretos de esa temática, ya que están demostrando cómo el lenguaje, como uno de los elementos de la realidad, engaña; y cómo la palabra, como signo, esconde detrás de una misma representación física, detrás de su única imagen gráfica, múltiples facetas, múltiples y contradictorios significados a los que apunta y se refiere simultáneamente.

Dos breves ejemplos bastarán para precisar esta afirmación:

EL CURIOSO: ¿El señor Fernández es joven?...
EL EMPLEADO: Comparado con el señor padre del señor Fernández, el señor Fernández es joven; comparado con el hijo del señor Fernández, el señor Fernández ya no es joven. (*Obras*, 98-99).

Y más adelante:

EL CURIOSO: No hay duda, es usted el perfecto secretario particular.
EL EMPLEADO: No soy el secretario particular del abogado.... El señor Fernández no tiene secretos. ¿Por qué había de tener secretario?... Soy un simple empleado. (99)

Y así, exactamente como las imágenes de las palabras no pueden ser unívocas, inequívocas en su significado, tampoco el hombre puede considerarse como uno solo. Ya lo decía Pirandello en su ensayo sobre el humorismo:

Y son precisamente las varias tendencias que marcan la personalidad las que nos llevan seriamente a pensar que el alma individual no es uno. ¿Cómo afirmar que es uno, si, de hecho, pasión y razón, instinto y voluntad, tendencias e ideales constituyen tantos sistemas separados y movibles que funcionan de tal manera que el individuo—viviendo ora uno de ellos, ora otro, y ahora algún camino medio entre dos o aún más tendencias síquicas—aparece como si de veras tuviera dentro de sí varios y hasta contradictorios almas, varias distintas y contradictorias personalidades? (136. La traducción es mía.)

Este pensamiento de Pirandello encuentra su eco en la afirmación del Empleado de que "en cada uno de nosotros existen simultáneamente, sentimientos contradictorios hacia una misma cosa, hacia una misma persona" (100). El intertexto de Pirandello en la obra de Villaurrutia parece claro aquí, aun sin saber con seguridad que conociera el ensayo del dramaturgo italiano.

En cuanto a los personajes respeta, El Curioso y El Marido representan dos tipos opuestos de personalidad; incluso, diría que además de constituir el conflicto dramático básico, personifican los dos tipos de "curiosidad" de que habla Villaurrutia en su ensayo sobre la obra de Sor Juana. Allí hizo la distinción entre una curiosidad masculina y otra femenina. La femenina se caracterizaba por ser superficial, exactamente como El Curioso. Decía Villaurrutia:

Yo distingo dos clases de curiosidad: la curiosidad de tipo masculino y la curiosidad de tipo femenino. Un hombre puede tener curiosidad femenina y una mujer curiosidad masculina. Este es el caso de Sor Juana.

La curiosidad como una pasión que no acrecienta el poder del espíritu la podemos personificar en Eva, que mordió por curiosidad el fruto prohibido. En Pandora, que movida también por ese pensamiento abrió la caja que le habían prohibido. Esta es una curiosidad de tipo accidental; pero hay otro tipo de curiosidad, una curiosidad más seria, más profunda, que es un producto del espíritu y que también es una fuente en el conocimiento. Esta curiosidad como pasión, no como capricho—la curiosidad de Pandora es un capricho—, es la curiosidad de Sor Juana.

¿Qué es curiosidad por pasión? Yo la defino así: es una especie de avidez del espíritu y de los sentidos que deteriora el gusto del presente en provecho de la aventura; es una especie de riesgo que se hace más agudo a medida que el confort en que se vive es más largo.... Como ejemplo puedo dar a ustedes un personaje... Simbad el Marino [quien] dueño de riquezas, no se conforma con su comodidad, con su holgura.... [sino que] rico y pobre en su riqueza, en cuanto el tedio lo amenaza abandona riquezas y bienes y se lanza a la aventura ("Sor Juana Inés de la Cruz," *Obras*, 775-76).

Y esto es lo que al final de la obra hace El Marido: se lanza a la aventura del autoconocimiento rechazando la comodidad escogida por El Curioso y siguiendo su vida con la "máscara" cómoda puesta y fija.   Es decir que, en vez de un desenlace típico que pudiera haber sido una separación, una reconciliación o algún acto de violencia, nos presenta con una escena (repetida tres veces) que cambia todo el carácter de la obra: es la llegada tres veces de una señora con velo la cual es vista desde distintas perspectivas. Para el Curioso, llegaron tres señoras y desde ese momento hasta su salida sólo puede interpretar ese fenómeno repitiendo la pregunta: "¿Cuál de las tres?" El Empleado encuentra una sola tarjeta personal en su bolsillo, y por primera vez en la obra, queda sin respuesta y deja la resolución del enigma al lector/espectador. El Marido, por su parte, experimenta tres reacciones distintas, todas representativas de distintas facetas de su personalidad.

Así, llega el Abogado, se despide el Marido y termina la obra sin habernos ofrecido ninguna conclusión definitiva respecto a cómo interpretar ese incidente que en lugar de ser un trozo de la vida real con una tesis realista, más bien nos deja con las distintas versiones que parecen incompatibles e irreconciliables.

A través del brevísimo acto único de la pieza, el personaje del Empleado se sale de su molde inicial para convertirse en un verdadero metapersonaje quien, consciente de su múltiple condición de actor/personaje/dramaturgo, dramatiza a los demás. En uno de los diálogos iniciales, El Curioso señala lo que ya era aparente en las respuestas ingeniosas del Empleado: es un empleado que más suena a poeta. A partir de esa observación, el marco de referencia queda ensanchada para abarcar el proceso de creación, y con ello, entramos ya en el ámbito de la doble visión. La ilusión dramática existente desde el comienzo de la obra, se quiebra, y el lector/espectador tiene

que ponerse sus lentes bifocales para adaptarse a lo que viene
después.

En discursos posteriores, el Empleado/Poeta discurre directamente sobre la relación entre autor, realidad, personaje y público:

> EL EMPLEADO: En mí se dan la mano el empleado y el poeta,
> pero lo más frecuente es la ignorancia de estos
> dobleces de la personalidad (100).

Y:

> EL EMPLEADO: Si no se atreve a hablar y pensando que necesita
> hacerlo... yo podría interpretar sus sentimientos
> con las mismas palabras con que usted hablaría.
> Tengo esa costumbre. Desde pequeño confesaba
> los pecados cometidos por los demás. Tengo el
> dón, el secreto o la habilidad, a veces muy
> dolorosos, de hacer hablar a las cosas y a los
> seres. De sus palabras, hago mis poesías; de sus
> confesiones, mis novelas.... No me diga nada.
> Yo imagino su caso y siento lo que imagino.
> (106)

Apenas pronunciadas estas palabras, nos damos cuenta de que
esta obra es la dramatización de la teoría, y de que de hecho estamos
presenciando una desrealización del teatro tradicional a la par que
la activación de una obra renovadora que, sin perder por supuesto
toda referencia al mundo real, comienza a dialogar consigo misma.

En resumen, desde la analogía explícita a la creación teatral y los
signos verbales y teatrales de carácter polisémico, pasando por la
incorporación intertextual de temas pirandellianos respecto a la
multiplicidad de la personalidad, el tiempo y el lenguaje, y termi-
nando en la escenificación de los mismos temas, además de la
creación de un eficaz metapersonaje en la figura del Empleado/Poeta,
Villaurrutia logró poner en práctica técnicas, formas y principios
metateatrales que lo colocaron en la vanguardia de la renovación
teatral en Hispanoamérica—igual que Roberto Arlt en Buenos Aires
y Víctor Manuel Diez Barroso y Rodolfo Usigli en México.

Después de lo expuesto, espero que no sea curioso ni que parezca mentira que el espíritu de esta *obrita* de Villaurrutia, participe del mismo espíritu que el viaje de Simbad, el viaje del "náufrago incorregible" y del "curioso serio" cuyo objeto era profundizar en el misterio de la vida humana, de su relación con el arte, con la identidad humana, y con la naturaleza del tiempo—un viaje de riesgo, de renovación, y también de descubrimiento y de definición de una identidad literaria nacional en el que lo acompañaron los otros miembros del destacado grupo de los Contemporáneos, quienes, junto con el grupo de los Estridentistas, constituyeron la Generación de la Vanguardia en México.

CARLTON UNIVERSITY

Lista de obras consultadas

Abercrombie, Nicholas, Stephen Hill y Bryan S. Turner. *Diccionario de sociología*. Madrid: Cátedra, 1986.

Alter, Robert. *Partial Magic: The Novel as a Self-Conscious Genre*. Berkeley: U of California P, 1975.

Dauster, Frank. *Xavier Villaurrutia*. New York: Twayne, 1971.

Hornby, Richard. *Drama, Metadrama and Perception*. Lewisburg, Pa: Bucknell UP, 1986.

Hutcheon, Linda. *Narcissistic Narrative: The Metafictional Paradox*. 2nd. ed. New York: Methuen, 1984.

Kronik, John W. "*El gesticulador* and the Fiction of Truth." *Latin American Theatre Review* 11.1 (otoño 1977): 5-16.

Meléndez, Priscilla. *La dramaturgia hispanoamericana contemporánea: teatralidad y autoconciencia*. Madrid: Pliegos, 1990.

Pirandello, Luigi. *On Humour*. Traducido por Antonio Illiano y Daniel P. Testa. North Carolina: Studies in Comparative Literature, 1974.

Rose, Margaret. *Parody/Meta-fiction: An Analysis of Parody as a Critical Mirror to the Writing and Reception of Fiction*. London: Croom Helm, 1979.

Roster, Peter. "Impresiones de un investigador 'gringo' en Buenos Aires." *Latin American Theatre Review* 24.2 (primavera 1991): 133-42.

——. "Generational Transition in Argentina: From Fray Mocho to Teatro Abierto (1956-1985)." *Latin American Theatre Review* 25.1 (otoño 1991): 21-40.

Schlueter, June. *Metafictional Characters in Modern Drama*. New York:

Columbia UP, 1979.

Villaurrutia, Xavier. *Obras.* 2nda. ed. aumentada. México: Fondo de Cultura Económica, 1966. "Prólogo" de Alí Chumacero. Recopilación de textos por Miguel Capistrán, Alí Chumacero y Luis Mario Schneider. "Bibliografía" por Luis Mario Schneider.

Waugh, Patricia. *Metafiction. The Theory and Practice of Self-Conscious Fiction.* New York: Metheun, 1984.

¿Qué ha pasado aquí? Realidad e hiperrealidad en *Nadie sabe nada* de Vicente Leñero

(Para agradecerle a Frank Dauster
el que me dejara ver que *sí*
está bien hacer las cosas *de otra manera*)
KIRSTEN F. NIGRO

 fines del verano de 1988 me llegaron noticias de todo un evento teatral en México—el reciente estreno de *Nadie sabe nada* de Vicente Leñero, una obra muy comentada no sólo por las audaces exigencias escénicas de la pieza, sino también por el furor que se había iniciado a raíz de las amenazas de que se censurara la pieza, porque "[e]n una obra de teatro usted no puede presentar personajes reales, señor Leñero" (Leñero, *Continuación. Vivir del teatro II*, 158). O sea, porque la obra, que trata de la corrupción política y periodística en México, era *demasiado* verosímil, los personajes demasiado parecidos a posibles referentes extrateatrales.

Siendo yo gran admiradora de Leñero y además, alguien que padece de una curiosidad casi morbosa por saber más de los escándalos (y éste tuvo resonancias hasta en el *Los Angeles* y el *New York Times*), sentí que no podía perderme la oportunidad de ir al Teatro El Galeón en México donde el público de *Nadie sabe nada*

sabía bastante más que yo. Pero también, siendo una pobre profesora sin el dinero necesario para pagar el pasaje a México, fui a hablar con el jefe de Estudios Latinoamericanos de mi entonces universidad. Reconocía yo lo estrafalario de mi petición: el que me regalaran unos $600 para asistir a una sola función de teatro. Así que no es de sorprender el que mi interlocutor me dijera, aunque apenadamente, que esos lujos no se los pagaba la universidad a (casi) nadie. El desenlace de esta pequeña tragedia es, desde luego, el que me perdiera esa puesta en escena de *Nadie sabe nada*.

Esto lo refiero a manera de subrayar el problema de siempre para nosotros los que aquí en Estados Unidos nos interesamos en obras teatrales latinoamericanas—el que tantas veces las analicemos sin haberlas visto en vivo. Y esto uno lo siente aún más agudamente al referirse a una pieza donde el montaje fuera tan clave no sólo a la recepción del público, sino también porque esa puesta resultó ser un verdadero paradigma de colaboración entre autor y director, este último siendo el muy controvertido Luis de Tavira del INBA. Los que conozcan la "petite histoire" teatral de Leñero sabrán que él no siempre ha tenido la mejor suerte con sus directores, inclusive con el mismo de Tavira (por ejemplo, con *Martirio de Morelos* en 1983). Pero con *Nadie sabe nada*, el caso fue bien distinto y el texto publicado de la pieza en la colección Leñero. *Tres de teatro* (1989) refleja esta estrecha colaboración, o sea, la labor de los *dos* autores. En base a este texto, más la ayuda del buen colega Ramón Layera de Miami University of Ohio, quien sí vio la obra montada y generosamente compartió conmigo sus recuerdos e impresiones, quisiera en este ensayo subrayar lo que resulta lo más impresionante en *Nadie sabe nada*: el juego con las convenciones realistas, algo que Leñero ha hecho constantemente en su teatro así como en su narrativa, pero que en este caso se lleva a tales extremos que lo real es tan real que resulta casi irreal, como teatro así como experiencia vital.[2] O sea, las fronteras entre el espacio escénico, el público y la "realidad" más allá del recinto teatral hacen crisis, no por desrealizarse la realidad, como

---

[2] Para un estudio de esta dimensión de la narrativa de Leñero, véase el excelente estudio de Danny Anderson, *Vicente Leñero. The Novelist as Critic.*

pudiera ocurrir en una pieza de la llamada vanguardia, sino por "hiperrealizarse." Según el mismo Leñero, "Los espacios escénicos [de *Nadie sabe nada*] están planteados con criterio hiperrealista" (*Nadie sabe nada* en *Tres de teatro*, 11); lo mismo se podría decir de lo que ocurre *dentro* de esos espacios, y de ahí el que algunos altos oficiales del poder mexicano creyeran ver *su* realidad "real" reflejada demasiado fielmente en esos espacios ficticios-teatrales.

En cuanto al hilo narrativo de la pieza, se puede resumir fácilmente, ya que se ajusta a una perfecta línea cronológica, desarrollándose en la Ciudad de México durante un lunes, martes y miércoles de una semana, y durante los mismos días de la próxima semana. Trata de Pepe Gutiérrez, un periodista cuya Garganta Profunda le ha conseguido documentos importantísimos, robados del escritorio del Presidente de la República. Este robo pone en marcha todos los mecanismos del relato policíaco, en el cual no sólo Pepe, sino también gente siniestra, parece que de los Pinos, o sea de la Presidencia, así como de la policía, además de altos funcionarios del gobierno y del periódico donde trabaja Gutiérrez, emprenden una búsqueda frenética y violenta en pos de los documentos desaparecidos, que se supone contienen "secretos de estado" altamente comprometedores. En el transcurso del caso que se investiga, el Agente Federal de Seguridad y el Garganta Profunda son muertos truculentamente, la hermana de éste es golpeada y violada por el ayudante del Agente, Gutiérrez es traicionado por uno de sus socios, y termina él mismo comprometiéndose al tratar de recibir el galardón de $80,000 que se ha ofrecido por el rescate de los documentos. Al terminar la pieza, el territorio recorrido es nulo, pues lo lineal en el tiempo resulta ser circular en el espacio: los documentos son devueltos a la Presidencia y todo queda como antes, sin que "nadie sepa nada," a pesar de que con pocas excepciones, aquí no hay inocentes; por cobardía, corrupción o avaricia, la mayoría de los personajes están bien involucrados en lo acontecido. Todos, desde luego, *saben mucho*, pero al callarlo, no dejan que llegue a saberse entre los que de veras *no saben nada*.

Esto, lo que Barthes ha llamado el código hermenéutico— el de los misterios o incógnitas a resolverse—no es de por sí inusitado, dado que sigue patrones bastante convencionales, subrayados por el subtítulo de "thriller" que Leñero le ha puesto a la obra.[3] Sin embargo, hay aspectos bien particulares aquí, tanto leñerianos como mexicanos, que hacen que *Nadie sabe nada* sea una obra que sólo puede descontextualizarse con graves consecuencias. Es decir, en el nivel de los códigos culturales—el artístico y el ideológico—la pieza tiene lazos estrechos con su productor tanto como con los receptores de la época en que se escribe y representa.

El paradigma policíaco es uno al que Leñero ha recurrido en más de una ocasión (vr. gracia, *Los albañiles, La mudanza, Asesinato. El doble crimen de los Flores Magón*), y siempre como pretexto para contar otra historia—la de la actualidad mexicana. Leñero mismo ha ofrecido consejos acerca de cómo escribirse un "thriller": "Si insiste en la creación de un investigador protagonista . . . no lo haga honrado o insobornable. . . . [N]o lo haga inteligente; hágalo corrupto como cualquiera; hágalo maldito, tonto, tramposo y sobre todo, errático. Será entonces, quizá sólo así, un personaje verosímil. No termine forzosamente . . . resolviendo el crimen. Recuerde que en la realidad mexicana es más frecuente—y por lo tanto más verosímil. . . . Por favor, no se empeñe en hacer triunfar el bien sobre el mal. En la vida—la que todo escritor conoce, la que todo mexicano sufre— es el mal el que triunfa casi siempre" (*Continuación*, 142).

Siguiendo casi a pie de la letra esta receta, en *Nadie sabe nada* Leñero hace eco de obras suyas anteriores (como un intertexto consigo mismo), donde el signo teatral, ya sea en las figuras, el espacio o la acción escénicos, crea una tensión enervante entre su artificiosidad y su "realidad," entre lo que es ficción ante los ojos del público teatral, y lo que esa ficción pretende tener de verdad, de verificable en el pasado histórico o en la contemporaneidad de ese mismo público. En el segundo tomo de sus memorias teatrales (*Continuación. Vivir del teatro II*), Leñero deja bien claro que al escribir *Nadie sabe nada* puso ahí a propósito elementos obvios y controvertidos de la realidad mexicana y de la suya personal, ya que al localizar la obra en el ambiente periodístico tan habitado por

---

[3] Para más detalles sobre los códigos definidos por Barthes, véase *S/Z. An Essay*.

Leñero, sería difícil que un público cognoscente no tratara de armar el rompecabezas semiótico al juntar una pieza escénica con otra extraescénica, así haciendo del receptor una especie de detective también.

Por ejemplo, el dramaturgo indica que el patrón para el periódico de Gutiérrez, que queda sin nombrar en la obra, es uno fácil de reconocerse: "Desde el principio pensé en utilizar el periódico *El Día* como la empresa periodística de mi historia. No quería inventarlo y no necesitaba inventarlo. Ahí estaba *El Día* como prototipo de esa prensa izquierdosa, supuestamente independiente y hasta contestataria, que en su acontecer cotidiano funciona como dependencia oficial" (*Continuacion*, 143). Siempre fiel a su afán por la verosimilitud, Leñero pone a una mujer, con el nombre de Sagrario, como directora del periódico en la pieza, ya que la de *El Día* era entonces Socorro Díaz, figura bien conocida dentro del mundo periodístico y político de México. Y aunque no empezara así adrede, la Funcionaria Mayor (la Licenciada Magaña) terminó por ser una clara referente a Victoria Adato, Procuradora del Distrito Federal hasta 1985; pero en este caso más por la escritura del director que del dramaturgo, pues la mascada que llevaba la actriz en escena, detalle ideado por Luis de Tavira, era un correlato nada ambiguo de la que solía llevar la señora Adato.

La sensación de la proximidad a lo "real," a lo documental en *Nadie sabe nada* no sólo resulta de las figuras escénicas, sino también de todo el ambiente ahí creado, uno de corrupción implacable y de extrema violencia que fácilmente se reconoce como correlato de lo vivido durante mucho tiempo en México, pero especialmente durante el sexenio López Portillista, cuando pareciera que nadie supiera nada de lo *mucho* que estaba pasando. Así que no sorprende que la pieza tuviera amenazas de censura, ni tampoco que fuera un éxito de taquilla, ya que rápidamente corrió la voz de lo que había pasado *a* la obra y de lo que pasaba *en* ella.

Pero su éxito se debió no sólo a su "contenido hiperreal," que pudiera haberle hecho a un público mexicano sentirse bien en su casa, sino también a que esa "casa" se construyera y funcionara "hiperrealmente," hasta tal extremo que pasó a toda velocidad un carro Volkswagon por el escenario. Además, el escenario consistía en *nueve* localidades bien definidas, hechas con un realismo preciso,

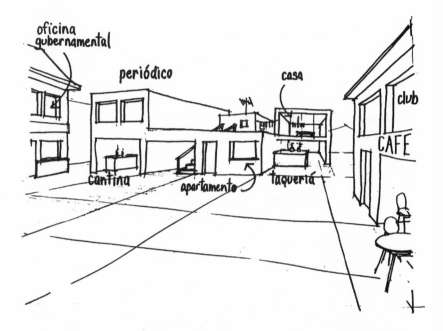

dentro de las cuales se llevaba a cabo acciones tanto guías, como contrapuntuales y simultáneas. Los espacios fueron los siguientes: la redacción del periódico, un edificio de apartamentos, una cantina, la calle, el Club Casablanca, las oficinas gubernamentales, una taquería, una casa particular y un cabaret (véase el dibujo, versión de David G. Saile, basado en uno de Ramón Layera). Según Leñero: "Durante cada escena, cada uno de estos espacios tiene vida propia durante el tiempo que dura la escena. La acción guía gobierna la narración en un escenario, pero de ninguna manera borra lo que ocurre en los otros escenarios" (*Nadie sabe nada*, 11).

El concepto original del dramaturgo había sido que la acción guía fuera bien articulada, y las otras hechas *ad libitum* por los actores en los distintos espacios. Este plan es el que se refleja en el texto de *Nadie sabe nada* publicado en la revista *Gestos. Teoría y práctica del teatro hispánico* (4.7, abril 1989). De ahí que esta versión contenga las catorce escenas principales, más las acotaciones acerca de las mismas. Hay referencias exactas a las escenas en contrapunto, pero no a cómo debiera ser la simultaneidad de todas, por ser el texto de *Gestos* el del *dramaturgo*. Pero cuando se publica en México, el texto incluye detalles pormenorizados de lo que pasa en los múltiples espacios a la misma vez. Esta es información *ex post facto*, producto de los ensayos, de la labor del dramaturgo y del director, así como de la experiencia de los siete meses que la obra estuvo en cartelera. O sea, es un texto colaborativo, que incorpora los resultados del complejo proceso de traducir lo escrito a lo representado. Para que el lector mejor entienda cómo es este texto, cito (largamente) las acotaciones a la primera escena de *Nadie sabe nada*.

Semana 1. Mañana de lunes. Entre las 10 y las 11 a.m. Acción Guía: en Espacio 1: Redacción del periódico

Acciones simultáneas
En Espacio 2: Edificio de departamentos

Dalila duerme, desnuda, en su departamento (departamento 5). En el departamento vecino: Vecina lava platos en el fregadero. Después sale y advierte que el foco del cubo de la escalera está fundido. Se enoja. Regresa a su vivienda y quita el foco de una de sus lámparas. Con el foco y una silla cargando, sale al cubo de la escalera. Intenta atornillar el foco al socket, pero no lo consigue durante un largo lapso. Se esfuerza.

En Espacio 4: Calle. Distintos ángulos

Doña Gerda cruza la calle arrastrando un carrito de mercado. Lleva bajo el brazo un cuadro envuelto en papel manila. Saluda a los transeúntes. Regala una mandarina al bolero que asea el calzado de Agente 2. Al llegar al puesto de flores, conversa largamente con Florista sobre las plantas de la temporada. Quisiera comprar zempasúchiles, pero no hay, le dice la florista. Termina comprando unas gladiolas y desaparece.
Mientras Agente 2 se da grasa con Boleto [sic], Agente 1 vigila el edificio del periódico. Está atento a la entrada o salida de gente y a la ventana desde donde se ve, quizás, a Salcido.

Efrén aparece por la calle, silbando. Encuentra a Agente 2 y habla brevemente con él.

En Espacio 5: Club Casablanca

Masajista Pato da masaje a un cliente. En el interior del vapor, el reportero Toño Tena se cura la cruda de una borrachera. Está desnudo, bajo el vapor, y bebe cerveza. Después se da un regaderazo, se rasura y empieza a vestirse.

En Espacio 6: Oficinas Gubernamentales

En su despacho, Funcionaria Mayor habla por teléfono. Timbra el teléfono rojo de la red y suspende su llamada para tomar el teléfono rojo y atenderlo, puesta en pie. Se advierte una actitud de obedeciencia extrema. Cuelga y vuelve a sentarse.

En el despacho del Funcionario Menor, éste habla con Moctezuma Peón después de que Moctezuma Peón le entrega, cautelosamente, lo que se supone es un pequeño sobre de coca. Funcionario Menor introduce más tarde a Moctezuma Peón en el despacho de Funcionaria Mayor.

Afuera de la dependencia, el Ayudante de Moctezuma Peón aguarda a su jefe leyendo el cómic de Superman.

En Espacio 7: Taquería

Como la Cantina y el Cabaret, la Taquería está cerrada. La cierra una pesada cortina metálica. Taquero llega al establecimiento en bicicleta después de haber ido a vender las gelatinas (su segundo oficio) que prepara Vecina. Al tratar de abrir la cortina, el Taquero se da cuenta de que olvidó la llave del candado. Monta en su bicicleta y sale a buscarla. (17-18)

Por lo citado, es obvio que el dramaturgo y el director, con la ayuda del escenógrafo José de Santiago, han estirado los límites *representacionales* del medio teatral hasta tal extremo que, como dije anteriormente, lo teatral se "desteatraliza," y lo real se "desrealiza" al hacerse super—que no es mismo que supra—real. Esto no es sólo por los detalles como el Volkswagen, que pudiera ser únicamente el capricho de un director demasiado entusiasta. Todo lo contrario, porque lo que intentan Leñero y de Tavira va mucho más allá del mero efectismo teatral, o siquiera de los experimentos de los primeros grandes directores realistas, como Antoine o David Belasco, en cuyas puestas se cocinaba de verdad en escena y después se lavaba los platos con agua corriente. Mientras la convención realista tradicional es la de cargar un solo espacio de signos múltiples y redundantes que intentan hacer de dicho espacio un simulacro de su referente, Leñero y de Tavira insisten en crear numerosos espacios, cada uno de ellos rebosando "semióticamente."

El efecto de este experimento teatral sobre un público pudiera ser diverso. Para el amigo Layera le fue como ser el observador de una feria, con su constante actividad y diversos puestos. La atención visual y auditiva del público se enfocaba primero aquí, luego allá, pero siempre como que mirando y escuchando en varias direcciones a la vez; es decir, con alguna conciencia de lo que pasaba en los espacios laterales o superiores al espacio guía. Había ruido, colores, ritmos, conversaciones y música que producían una especie de "overstimulation": precisamente como pasa en una feria "real." Pero también, y esto lo propongo sin haber visto la puesta, me parece posible que al ser tan aparentemente real, el efecto de la obra pudiera ser el de sentirse uno transportado a una dimensión *irreal*, ya que el escenario revela el mundo que nos es vedado en la vida diaria, donde **no** tenemos acceso a la interioridad de los espacios que nos rodean. Claro está que éste es el juego perceptivo de todo teatro, su carácter "voyerístico." Pero en *Nadie sabe nada* se exagera tanto, se nos ofrecen tantos espacios a la vez, y tan "realistas" que bien pudiera sentirse uno, por una parte, que ya no está en el teatro, pero tampoco en la "realidad," sino más bien en una zona intermedia y nebulosa (una especie de "twilight zone" o pararrealidad) precisamente por su *exceso* de realismo. La ambigüedad, el no poder saber exactamente qué pasa y quién sabe qué en relación al mundo político-periodístico que se presenta en escena, tiene su reflejo en las ambigüedades, preguntas y dudas que el público pudiera sentir en cuanto a su propia capacidad de percibir y de absorber todos de detalles espacio-temporales de la obra. Vale terminar estas medita-

ciones, entonces, al sugerir que con *Nadie sabe nada*, Vicente
Leñero y su director Luis de Tavira, nos hacen saber mucho acerca
de la política de su país, pero también acerca de nuestra incapacidad
de saber y de ver todo a la misma vez. De ahí la urgencia de siempre
preguntarnos: "¿Qué ha pasado aquí?" aunque la respuesta a lo mejor
será una sólo parcial cuando no tramposa.

UNIVERSITY OF CINCINNATI

Lista de obras citadas

Anderson, Danny J. *Vicente Leñero: The Novelist as Critic*. New
York: Peter Lang, 1989.

Barthes, Roland. *S/Z. An Essay*. Trans. Richard Miller. New York:
Hill and Wang, 1974.

Leñero, Vicente. *Continuación. Vivir del teatro II*. México: Joaquín
Mortiz, 1990.

—. *Nadie sabe nada. Tres de teatro. Nadie sabe nada. Jesucristo
Gómez, Martirio de Morelos*. México: Cal y Arena, 1989, 9-116.

—. *Nadie sabe nada. Gestos. Teoría y práctica del teatro hispánico*
4.7 (abril 1989): 145-95.

Tabula Gratulatoria

Danny J. Anderson
José J. Arrom
Efraín Barradas
Judith Bissett
Jacqueline E. Bixler
Donald Bleznick
Becky Boling
Pedro Bravo-Elizondo
Ronald D. Burgess
Lynn Carbón Gorell
James A. Castañeda
Magda Castellví de Moor
Susana D. Castillo
José Castro-Urioste
Eugenio Chang-Rodríguez
Raquel Chang-Rodríguez
Deborah J. Cohen
Colorado State University Library
Eladio Cortés
Roselyn Costantino
Hilda F. Cramsie
Gabriella de Beer
Andrew and Mary Elizabeth Debicki
Marcela del Río
Angela B. Dellepiani
Department of Spanish and Portuguese, University of Kansas
Leonard Di Lillo
Denise M. DiPuccio
José A. Escarpanter
Wilma Feliciano
Malva E. Filer
David A. Flory
Merlin H. Forster
Lucía Garavito
Delia V. Galván
William García
Nora Glickman
Roberto González Echevarría

Ronni L. Gordon
Jorge Huerta
Allen Josephs
Marilyn Kiss
Catherine Larson
Ramón Layera
Luis Leal
Gerardo Luzuriaga
George R. McMurray
Sharon Magnarelli
Carol Maier
Elsa Martínez Gilmore
Robert Manteiga
Thomas C. Meehan
Teresa Méndez-Faith
Diane Mielke
Priscilla Meléndez
Margo Milleret
Eugene Moretta
Robert Morris
Patricia W. O'Connor
Graciela Palau de Nemes
Terry L. Palls
Anthony M. Pasquariello
Margaret Peden
Evelyn Picon Garfield
Joan Rea
Ernie Rehder
James Willis Robb
Ana María Rodríguez Vivaldi
Mario A. Rojas
Luciano G. Rusich
María A. Salgado
Teresa Anta San Pedro
Guillermo Schmidhuber
Russell P. Sebold
Laurietz Seda
Donald L. Shaw

Adolfo Snaidas
Mario T. Soria
Flora Schiminovich
Robert C. Spires
Carmen L. Torres-Robles
James Troiano
Donna Van Bodegraven
Margarita Vargas
Juan Villegas
Georgina J. Whittingham
Donald A. Yates

FRIENDS
Barbara B. Aponte
R. Alberto Casas
Fred P. Ellison
Donald H. Frischmann
Vernon A. Chamberlin
Oscar Fernández
Dick Gerdes
John Keller
Kurt L. Levy
Robert Lima
María Teresa Marrero
Julio Matas
Judy McInnes
Elizabeth Otero-Krauhmmer
José Miguel Oviedo
Terry J. Peavler
Gregory and Clementine Rabassa
Elias L. Rivers
Rolando Romero
Ivan A. Schulman
George O. Schanzer
Martin S. Stabb
David M. Stillman
Daniel Zalacaín